U0079464

皇帝背後的權勢人物

楊書銘 著

【前言】皇權的誘惑

一

張老漢今天起了個大早。

田地裡該上肥了，可是畜圈裡沒糞可用了——這可不行，所以老漢早起，就是為了去路上撿糞。

他到處溜達，專挑大路走，因為那裡經過的騾馬多，拉下的糞可肯定不少！但是走了一圈，老漢心裡實在很悶，因為有人比他起得更早。

那個起得比他早的人，出門到馬路邊溜達的時間也就比他早，理當然也比他早看到糞……按農村的規矩，誰早起看到了一坨糞想撿，可是沒帶工具在身邊的話，那他就在糞周圍劃個小圈，旁邊插個小草根，這樣就代表這糞有了主人了。下一個看到的人吶，麻煩您繞個道，但糞您不能動。

老漢一路上看到的糞，全都被做記號了。就是那一個個小圈、一根根草，就把這些誘人的、讓他心動不已的、能帶來巨大肥力的糞，全給劃分走了。但是老漢一點辦法也沒有，只能遵守規矩，一步三回頭地看著那些糞靜靜地待在原地，散發著讓他心儀的臭氣。

這一路上，老漢是望眼欲穿。

所有的糞，馬的不說，牛的也罷，就連人的糞，也沒被那個比他早起的人放過。看著這條官道，居然是三步一圈，五步一草，搜尋之嚴密，簡直讓人嘆為觀止——但是老漢還是不能動。

老漢無奈地回家了，一邊走一邊嘆氣，嘆氣那個早起的兔崽子。那麼多糞，你撿得完嗎？不累死你才怪。等天大亮了，人一多，那糞不都被踩散了啊？唉……

回到家，老漢蹲著生氣，也不言語。老婆過來一看糞箕裡什麼都沒有，就知道老漢晚了別人一步，什麼都沒撿著，於是安慰他：「老頭子，看你那點出息！不就幾坨糞嘛，就把你氣成這樣！走，吃飯去。」

老漢更不樂意了：「我起得那麼早，那兔崽子比我還早。糞全都讓他估去了，我什麼都沒撿著，能不氣嗎？我沒出息，那麼大早起來還撲了個空？」

話雖這麼說，老漢還是去吃飯了。就著鹹菜，老漢狠狠地喝了幾大碗公粥，才滿意地打著飽嗝站了起來，拍拍肚子，「我沒出息，我怎麼沒出息。我還想做皇帝呢！」

「這死老頭子，」老婆子嚇得馬上把老漢的嘴捂上了，「你不想活了，要是讓別人聽了去報官，你就死定了！」

老漢馬上閉嘴了，但是半晌後又不甘心，嘟囔了一句：「要是老子我當了皇帝，把所有的糞全都圈上，誰都不許撿，全屬於我一個人！」

老婆子聽到了，拍著大腿就笑開了，「死老頭子，你就這點出息？要是我當了皇后娘娘，每天大早煮粥我就加上一整碗米，看把你們都吃成個胖子！」

大兒子聽到，也在那邊樂開了，他拿著碗，指著碗裡的幾粒米：「爹娘在說笑話了。當皇帝哪能像你們這樣。要是我當了皇帝，每天都吃乾貨，還要加上紅紅的一碗辣子，吃得滿身冒汗，那才是皇帝老爺的日子哩！」

大兒媳婦……

二兒子……

三兒子……

小孫子……

大家笑成了一團。

飯吃完了，該做什麼，就都做什麼去了。

只留下一句話：要是我當了皇帝……

二

要是我當了皇帝，那有多好……

張老漢一家，也只是偶爾做做當皇帝的美夢。他們的美夢的緣起，也都非常簡單，無非是為了吃穿。他們在自己的美夢中，建造了一個對

自己來說無比美妙的場景，在那個場景中，他們能把自己下階段最迫切的希望或最高的夢想變為現實。他們在這個時候，擁有無比的權威，能夠讓天下人都按照自己的想法來行事，於是乎，所有的糞都被留下，早飯也成了乾貨，旁邊還放上了一碗紅紅的辣子……

他們的要求只是這麼簡單。

可是這些要求值得我們去笑話嗎？我們真的有資格去笑話他們的淺薄、鄙陋、無知和愚蠢嗎？我們真的相信這些人能夠成為皇帝？我們真的又瞭解真正的皇帝的生活嗎？我們真的又知道皇帝的追求嗎？我們如果做了皇帝，我們又想做什麼又或者我們知道去做什麼？我們真的能夠保證我們的皇帝夢不被他人譏笑？我們真的知道……

我們什麼都不知道。

我們只知道一件事：我們想做皇帝。

這個念頭是如此的根深蒂固。它隱藏在我們腦中的某一個角落，從意識到潛意識，它無處不在。某些人把這個念頭說了出來，因為他狂妄；有的人只是想想，因為他渴望；有的人卻一直不知道自己有這種想

法，因為他無望……

在這個問題上，沒有人是清白的。沒有人能夠站出來光明正大的、指著自己的內心、願意把它掏出來展示給天下人看，證明自己對皇帝寶座的無動於衷。

為什麼？

因為皇帝的位置是一個很奇妙的東西，奇妙的能夠契合人類每一種追求，能夠最大限度的滿足人類的一切慾望，除了生死。而且就算是生死，也不一定是皇帝無法控制的，皇帝如果想讓某人死，恐怕他還是有極大的可能，被從世界上抹去生命的印記的。

有人說我說謊。他們告訴我很多人不想做皇帝，因為他們不戀棧權勢—他們都不想做官。好吧，我承認，禪讓和隱士是存在的，但他們只是少數中的少數、稀有中的罕見。更何況，有人的不戀棧權勢，焉知不是推託之辭、掩飾之語、混亂之句？

好，先看看許由這人。許由是《史記．伯夷傳》中記載的堯帝時期的一個古人，傳說中他因為堯帝要禪讓王位於他，於是跑去箕山隱居。

但堯帝禮讓之心甚急，居然追許由到了箕山，十分懇切地再次請求許由做九州之長。許由仍然堅決拒絕了堯，並視這種事為莫大的屈辱，遂到穎水河畔去清洗雙耳。更厲害的人物巢父出場了，牽著一頭牛犢去河邊喝水，看到了許由洗耳，就問他原因。許由很自豪地答道：「堯欲召我為九州長，惡聞其聲，是故洗耳。」巢父聽了，差點吐血三升，立刻牽著自己的牛犢到了河流的上流飲水，走的時候還很不客氣地鄙視了許由一把：「子若處高岸深谷，人道不通，誰能見子？子故浮游，欲聞求其名譽，污吾犢口。」意思就是，你如果真是隱士，就應該在最隱蔽不為人所知的地方，怎麼會被人知道和見到呢？你這人沽名釣譽，還滿口隱逸飄然，真是小人偽君子混蛋加三級，你離我遠點，不然我的牛喝水都會被你這人的臭氣污染，以後得了瘋牛病怎麼辦？

許由大概只有悻悻而去。

為什麼有人居然還不願意做九州之長呢？堯一方面是厭倦了，但或許還有一些與許由相同的原因。許由本身或許在沽名釣譽之外，還是有那麼一絲半點隱士風骨的，但當時九州長的位置更可能令他下定了隱逸的決定，因為九州長很不舒服。韓非子在《五蠹》中說的很清楚：「堯之王天下也，茅茨不翦，采椽不斲，糲粢之食，藜藿之羹，冬日麑裘，夏日葛衣，雖監門之服養，不虧於此矣。禹之王天下也，身執耒臿以為民先，股無胈，脛不生毛，雖臣虜之勞不苦於此矣。以是言之，夫古之讓天子者，是去監門之養而離臣虜之勞也，古傳天下而不足多也。」說的就是上古實行禪讓制度的時候，部落和部落聯盟的領導人仍然沒有多少可以脫離農業生產的特權，他們必須以身作則，帶領天下的平民一起耕作。這時人們並沒有什麼爭權奪利之心，相互平等的地位也使得禪讓成為可能。許由和堯不想做九州長，大概原因就是如此。

當社會進步到能夠讓九州長享受到一般人難以企及的待遇時，情況就完全不同了：大禹採取了種種手段，讓自己的兒子啟繼承了王位，親手埋葬了已經不合時宜的禪讓制度。於是在之後的數千年，禪讓真正成為了昨日黃花，無法再開。

可能有人會問：「你說這種話的根據呢？」根據是啟建立了城堡來保衛自己的財產。乞丐有必要建造什麼東西來保護自己的財產嗎？

那介之推呢？他總算是一個不被權勢吸引的人物吧？No！他不是我們想像中的那種人。他其實是一個小人。當他奉獻出自己的肉來進貢給君王，他早就把自己的功勞看做是最大的，於是當重耳大封群臣而忽略了他時，他自憐自傷怨恨憤怒不能自己，於是背著自己的老媽爬山去了。他原意是讓重耳記得他，所以採取了難免激烈的手段。重耳也真的記起了他，於是派人去找。可惜，介之推想小小的再高尚一把，不料碰上了想吃熱豆腐的君王，下令燒山。這一下可不得了，眾所周知，森林火場中的人部分會被燒死，更多的是被煙燻死。於是介之推和其母，死在了一棵樹下。我想，他大概是被煙燻得頭腦混亂了，想下山卻無路可走，才含恨而死。重耳也醒悟了自己的著急，心有所愧，遂大肆宣揚介之推的美名。重耳也是無奈，因為倘不如此，天下人會唾罵他忘恩負義，手下也會離心，介之推更可能會化作厲鬼在夢裡撲過來向他索要大腿……但是一個罪己詔，卻讓天下人稱讚自己、手下更加忠心、介之推也能在天上享受封食，當真是皆大歡喜……

那麼嚴陵呢？看官，別急，且待我後文說之。

三

把人類對皇位的渴望歸結為人人都有的，還並不完整。我想指出的是，這種渴望更是一種原罪，一種本來應對於地球上所有生物的，但是在我們中國人身上更明顯的原罪—誰叫我們老祖先發明了這種高度集權的制度呢？

說是原罪，也只是一種借用，並不同於基督教的種種說法。畢竟，我無權給大家設置一個必須頂禮的先驗命題—不可懷疑、又無須證明、自在且自圓其說。這種原罪的關係方有兩個：人類和慾望。

人類是什麼？自然是生物的一種。如果想更具體地瞭解，詳見《大英百科全書》。但是必須強調的一點是，所有的生物，在根本上和人類是一致的，在這個原罪上。

慾望是什麼？不用很專業的敘述，慾望就是人類和生物要求生存的願望。於是，最初的慾望就是食物與性。食物保證了本體的生存、性慾保證了種族的延續，這二者是所有生物都無法擺脫的，這大千世界無數生物每日忙忙碌碌、打打殺殺，無非為了食與色。沒有了食物，生物就死了，畢竟靠喝西北風的生物只有天使，我們這些肉體凡胎的生物們就不用想了；而沒有了性，後代就完全失去了存在的可能—能隨手造出人類的那是上帝和女媧，能隨意複製自己的則是孫悟空。

思量了半晌，決定不再給生物們扣上大帽子，我們就只說人類吧！雖說人類自詡為高等動物，可是做的事也未必不是最無恥的……

人類最初的理想，早在人類進化完全之前就一直存在著。考察了現在黑猩猩和大猩猩的社會結構後，我們發現生存與生育一直是最重要的。人類的祖先，為了生存而尋找食物。在食物問題解決或者沒有解決的時候，對生育問題也要看重，畢竟這關係到未來的種群生存。但是這種認為人類是為了種群的生存而繁衍的觀點，雖然有很多論證，但也並不一定是正確的。某種程度上，從性活動中獲得足夠的快感，是雄性進行性活動的另一要素。而等到人類的社會進步到能夠解決吃飯問題，對

性的追求就成為阻礙或者推動社會進步的另一要素。

這許許多多的人，都要吃飯，都要繁衍，但是食物和繁衍對象總是有限的，每個人都想有最好的食物和最美的繁衍對象，這種矛盾怎麼解決？歷史上，人類想了無數的方法，但到了最後都是競爭了事。那麼，什麼樣的人能夠在競爭中取得優勢？

遠古的不談，單就文獻有記載的部分來說，有糧食的、有勇力的、有智慧的、有兄弟的等等一些比較傑出的人，總會在競爭中取勝。他們各自的優勢，在慢慢發展中，進化成了一種我們很熟悉的東西：權勢。

權勢包含了一切，老祖宗說的黃金屋、顏如玉和千種粟，都是權勢弄來的，不是書。書只是下層人獲得權勢的手段而已。

那麼，很多人掌握了權勢，他們都能獲得自己想要的東西嗎？當然不是。只有擁有最大權勢的人，才能無限擁有，其他的人，按照手中權勢的大小，一個個、一層層地向下排。

所以所有的人都奮鬥，為了更多的權勢。

人世間的權勢是有終點的。雖然這種終點仍然不能讓人長生不死控制天地，但是它帶來的物質和肉體的享受，絕對是這片大陸上最讓人嚮往的。這個終點，就是皇權。

「普天之下，莫非王土」，土地都是我的了，那麼生存在這土地上的一切，自然也都是我的—每個皇帝都這麼想。

解釋為什麼中國的皇帝擁有這等權力是一個很大的話題，我並不準備再涉及。但是我們都很清楚，皇帝的所作所為，幾乎是不受任何限制的。

這種不受限制，意味著絕對的權力，意味著能夠得到一切，意味著能有最偉大的尊崇，意味著能把一切都踩在腳下，意味著能擁有最多的財富、最漂亮的女人和最大的生殺予奪的權威……

所以，每個人都想做皇帝。「皇帝輪流坐，明年到我家」，固然是一種表現了風水輪流轉的民間俗語，但是它背後對皇權的渴望，更是驚心動魄的。

每個人都要做皇帝的話，大家真的要好好地打打殺殺一番了。可是爭鬥到最後，大家又都悲哀的發現，皇帝還是只能有一個。

是啊，皇帝只能有一個。而且很多時候，這種唯一性已經被確立了下來，自己的皇帝夢，永遠是夢。

該怎麼辦？不在沉默中爆發，就在沉默中滅亡。無數人站了起來，他們準備打倒皇帝，然後自己做皇帝；但是他們大多失敗了，還要背上幾千年的罵名和九族的身家性命，慘痛、悲涼、死亡鋪滿了帝王之路。

在無奈中，屢敗屢戰的做著皇帝夢的人們屈服了，他們尋找其他的自我滿足法。他們最終發現，皇位並不代表一切，它只是皇權的一個標誌，皇權的實質還是很有潛力可挖的。最聰明的一個人終於發明了不做皇帝就能享受到皇權或者利用皇權的辦法，而後人們也根據這些人的經驗，尋找著適合自己的路。

於是，那些不是皇帝的無冕之王們，就在神州最尊崇的皇帝陛下的背後，默默的或者囂張的行使著帝王最大的權威。

他們，就是皇帝背後的權勢人物。

目錄

第一章 牝雞司晨

——太后與皇后的母儀天下

第一節 絕望者的悲傷——呂后

一・閒話

某年某月的某一天，呂公（當然他現在也還年輕，但是為了前後的一致性，我們還是要稱呼現在的他為呂公）做了一個夢：一隻尾巴長長的、色彩極斑爛的、美麗無比的鳥兒飛進了自己的家門。呂公驚醒，發現什麼都沒有，只是一個夢。

十個月後，呂婆產下了一個小小的女嬰。呂公想起前事，認為這個女兒是上天賜給自己的，是一隻山雞轉世，於是就給女兒起了個名字：呂雉。雉，大山雞也。

我聽到這個故事的第一個反應就是笑，笑呂公的小農意識。很顯然，他應該是把鳳凰看成山雞了。世人不識鳳凰相，無端卻以山雞名。

呂公善相，遂親自為女兒端看面相，這一相之下可大不得了，呂公很驚喜地發現女兒居然是極富貴的面相。再想起呂雉可能是山雞托生，呂公老懷大慰，心道呂氏家族以後的前途就靠這麼一個寶貝女兒了，於是決定好好地培養呂雉，爭取能夠不辜負這萬中無一的富貴面相。呂公是高人，他的預見也並非是胡思亂想，否則我們完全無法解釋為什麼他要把這麼一個如花似玉的女兒嫁給窮得響叮噹的無賴漢劉邦。但是他還是有些小家子氣，呂雉既然是大富貴，又怎麼能是山雞那樣膚淺？

不過話說回來，呂雉或許又的確是山窩裡飛出的一隻很像鳳凰的山雞，不然她的家族不會那麼不堪，除了父女兩人外，連一個像樣的人物都出不來。這隻大山雞，也許正是沾染了龍的氣息，才有化為鳳凰的奇遇。

所謂「山雞豈是窩中物，一遇天龍便化鳳」的說法，也並非無稽之詞。在《西遊記》中曾經有過這麼一段記載：唐僧師徒一行來到了朱紫國，正好國王生病。孫悟空自告奮勇要為國王治病，用的一味主藥是馬尿。但是注意，是白龍馬的尿，其實也就是龍尿。白龍馬開始還不願意，口出一段驚世之言：「師兄，你

豈不知？我本是西海飛龍，因為犯了天條，觀音菩薩救了我，將我鋸了角，退了鱗，變作馬，馱師父往西天取經，將功折罪。我若過水撒尿，水中游魚食了成龍；過山撒尿，山中草頭得味，變作靈芝，仙僮採去長壽。我怎肯在此塵俗之處輕拋卻也？」看看，龍畢竟與眾不同，哪怕是身體的一些廢物，在眾生看來都是珍貴至極！平常人如果沾染了龍氣，看來都會有一些變化的。那麼，呂雉由山雞而鳳凰，倒是再自然不過了。

可惜天下有龍與否，我們是無法肯定的。我們所說的龍，指的是天子。並且，天子的力量、天子的餘唾在人間還是極珍貴的東西，只要沾上了，即使仍然無法脫離生死，但是珍寶、高位、美女，卻是伸手可得。

呂公看到劉邦的第一面，就深深地被這個男人折服了。劉邦邋遢的鬍子、不羈的眼神、破爛的衣服、無賴的作風和那卓爾不群的龍行虎步，都讓呂公在心中高呼這不是一般人。但是呂公也不敢在秦帝在的時候就高呼這是天子相，他只會高呼富貴不可言。

於是呂公迫不及待地把女兒嫁給了劉邦，雖然當時的劉邦只是一個芝麻大的亭長，日常行事也如小流氓，但是他在相貌上很有潛力，所以呂公才決定投資，把自己女兒富貴之相的根本全部寄託在這個無賴少年的身上。

再聯想回前頭的故事，呂公恐怕早就知道那天走入自己夢中的到底是什麼。但是，一個普通人如果堂而皇之地把自己的女兒取鳳凰之類的名字，可是會招來災禍的，特別是在那個時代。所以呂公只叫自己的女兒為呂雉。

反正名字只是一個代號，名字叫做安邦、定國的人多了，也不見得他們有那種經歷。如果呂雉真的富貴，那麼，就走著瞧吧！

二・持家

很難具體描述劉邦當時的心情，那種感覺就像天上掉下了個大餡餅，餡餅上還抹了一層豬油。劉邦當然立刻答應了，並在自己是個窮光蛋的情況找兄弟尋朋友的辦成了婚事。婚後的劉邦很安分了一陣子，因為把如花似玉的老婆放在家裡等同於暴殄天物，老天會放雷劈的。那個時候，大概是劉邦最開心的時候，他天天軟玉溫香在懷，別的狗屁事全惹不起他的絲毫興趣。

但呂雉當時的心情如何呢？貌佳者必自憐。呂雉一個大美人，生活在一個衣食不缺的富裕家庭，還經常聽到自己父母講述的山雞投生的故事，心中一定是渴望一個理想的丈夫吧！也許，那個人應該是一個蓋世英雄、乘著七彩雲霞來接她……扯遠了，但是我們肯定，她一定在暗地裡埋怨自己的父親，怎麼把自己嫁給了這麼一個無賴。山雞即使不能嫁給老虎，嫁給一條狗也是好的，可是嫁給一頭豬那算什麼呢？

呂雉畢竟還是一個守禮的好女兒家，所以她也認命了自己的嫁豬隨豬的生活，開始為自己的小日子打算。平日，她除了照顧劉邦的起居，也擔起了劉邦從不願操心的一干事情，同時還要滿足劉邦的獸慾……想想吧，一個在娘家什麼都不需要做的大姑娘，遇到這些烏七八糟的事情會有多麼苦惱，但日子畢竟也就這麼過著，雖然有很多事不順心，一句「天下不如意事十常八九」，也就能對付過去了。

終於在某一天，一些事情有了變化。首先是呂公給劉邦的嫁妝，呂公知道劉邦的家境，也清楚自己的女兒並不是很能吃苦的人，在嫁女兒的時候一方面疼愛女兒，一方面也要結交劉邦這個大貴人，於是給了一些嫁妝，至少夠劉邦胡作非為一段時間的。其次，劉邦是一隻永遠都不會停下來歇息的鳥，他會不停地飛，直到不能飛的那一天。

的確，劉邦很快就厭倦了這種生活，他需要狐朋狗友們，一方面大家會胡鬧，一方面也炫耀一下自己的老婆。炫耀了一陣子，劉邦覺得無聊，於是也就逐漸恢復了本性，開始不怎麼待在家裡了，每日三瓦兩舍、雪月風花。當然劉亭長做為國家機關的工作人員，也是有一定的公務要辦，這個是我們不能完全忽視並抹黑之的。

只是這下苦了呂雉，本來劉邦也會偶爾做點什麼，現在卻所有事都只能靠一個女人家了。呂雉這個時候也有了孩子，但只能自己撫養，她還要操持家事、幫劉邦付酒帳、種田等等，甩手掌櫃劉邦的幸福生活，讓人羨慕得口水橫流……有吹牛的閒暇，後

劉邦

院不著火，河東也沒獅子吼，自己還是個人模狗樣的小官。人生如此，夫復何求啊！不過劉邦是不滿足的，如果《史記》的記載沒有錯誤的話，劉邦早在去咸陽服徭役的時候就感嘆秦始皇出行的排場，發出了「嗟乎，大丈夫當如此也」的犯上之言。

不過呂雉忍受了下來，因為已經有了孩子，還能叫她怎麼樣？好在還有自己青梅竹馬的審食其有時會來幫助一下──但兩人這個時候卻只能是朋友了，怪只怪劉邦長得實在是太帥了……但是有一天，有個老人的幾句話，讓呂雉更容忍了下來。

呂后與兩子居田中耨，有一老父過請飲，呂后因餔之。老父相呂后曰：「夫人天下貴人。」令相兩子，見孝惠，曰：「夫人所以貴者，乃此男也。」相魯元，亦皆貴。老父已去，高祖適從旁舍來，呂后具言客有過，相我子母皆大貴。高祖問，曰：「未遠。」乃追及，問老父。老父曰：「鄉者夫人嬰兒皆似君，君相貴不可言。」高祖乃謝曰：「誠如父言，不敢忘德。」及高祖貴，遂不知老父處。

呂后帶著孩子耕田，一時好心就給了一個路過的老人飯吃。老人便為她們看相，評價說這些人是貴不可言的，大概都是帝王家族的核心成員。等到老人見了劉邦，立刻指出劉邦是家族富貴的「罪魁禍首」。於是呂雉死心塌地，認為由父親和老人一同指認富貴無比的劉邦，還是值得一個女人為之苦苦守家的。

呂雉守著家，忍受著故意或者無意的冷落，一守就是好幾年。那麼這些年，劉邦在幹什麼呢？吹牛、喝酒、送人去服徭役、吹牛、喝酒、抓賊、喝酒……

終於有一天，劉邦在押解服徭役的囚徒時，發現有大量的人在逃亡。按照規定，劉邦這個亭長也是要被處死的，劉邦的流氓勁上來了，反正是死，乾脆弄個好名聲，於是放走了所有囚徒。但是劉邦也怕死，於是自己也跑了，跑到了芒碭山躲了起來，不過還好，幾個傻乎乎講義氣的囚徒跟定了他。在這個過程中，劉邦自稱斬殺了一條大蛇，但這只是因為他喝多了酒才做了一些自己本來絕對不敢做的事，或者他是在吹牛以讓手下信服─亡命徒的隊伍不好帶啊……但是，他在情況危急的時候居然還有空喝酒，這種所謂的大將風度也真是沒邊，天啊，如何讓此等人得了天下，他真是您兒子？

三・苦澀

呂雉挺慘，老公躲了起來，所有的責任都只好由自己頂下。縣令派人把她抓了去，逼問劉邦哪裡去了。可憐一個婦道人家，能知道大流氓幹什麼了？只好搖頭連說不知。於是她就這樣被關入了大牢，每天受到獄卒們的侮辱虐待拷打……

雖然史書中沒多提及，但是我們可以想像呂雉的無奈和痛苦。那個時代的監獄，是沒什麼人權好講的，進了監獄，什麼人都會生不如死，女人更是慘不堪言。不過幸好有蕭何，所以呂雉還能保住性命，並最後被放出來—列位看官，蕭何在日後漢家王朝能保住地位不被呂后根除，您認為他是為什麼呢？

出了大獄的呂雉也得跑路，不然縣令一時明白過來，不再受到蕭何的蠱惑，呂雉的苦日子就會重新來一遍了。於是，呂雉帶著一雙兒女去找老公了，審食其也許一同前往了。

沿著所謂的天子雲氣，呂雉找到了劉邦。這種劉邦頭上有雲氣的不科學的說法，也的確騙了很多沒學問的人，大家都跑來跟劉邦混，以為這個人能有點出息。得意志滿的劉邦，大概是沒酒喝饞得慌，找人聯絡了自己的狐朋狗友，順著陳勝、吳廣起義的東風，開始弄個王侯將相當當去了。

一心想跟著劉邦的呂雉，只好繼續忍受孤獨寂寞和痛苦，看著劉邦意氣風發地反抗暴秦。但是劉邦並非痴情種，在他有了權力的時候，以前無法做到的事，他也開始做了。呂雉現在恐怕也是有些黃臉婆之貌，吸引力自然不如那些年輕的小美人，於是，劉邦偶爾的偷腥也就少不了了。雖然這麼說沒有什麼根據，但是看到劉邦在進入關中後曾經對皇宮美女的佔有慾，他日常的舉動如何，還是可以舉一反三百的。

呂雉，當然繼續忍受。一來，男尊女卑，男子可以有三妻四妾，女子嫉妒的話就等於惡毒；二來，自己的確不如以前那樣能吸引劉邦了；三來，劉邦一直以來也不是自己管得住的。四來，自己的一雙兒女，能讓劉邦不忘記就足夠了。當時女子命運也大概如此，我們後人所看呂雉忍受的種種委屈，也大概是當時天下女子的痛苦，但是自己痛苦並不代表有權力把痛苦還給別人……

有一天，劉邦認識了自己一生的情人─戚夫人。美貌無雙的戚夫人立刻奪走了劉邦的所有寵愛，呂雉只能看著這兩人卿卿我我，暗地裡苦嘆自己的悲慘生活。但劉邦不管這些，他只要有酒喝、有女人、有歌舞看、有人罵、有財寶賞

玩，就滿足了。呂雉對他來說，是一個圖騰—代表自己有正妻的圖騰。

流氓劉邦的幸福生活很快結束了，在與項羽的爭霸戰爭中他屢戰屢敗，這很好理解，小流氓的軍事才能本來也比不上項羽的一根腳趾頭。打輸了，劉邦乘車跑啊跑，因為嫌車慢，他乾脆把兒子、女兒扔下了車。幸好同行的滕公心軟，又把未來的皇帝和公主拉了上來。但是沒辦法，太公和呂雉被抓了，還有忠心耿耿保護劉家老小的審食其。

在霸王的營中，呂雉大概也是受到很多侮辱，有的時候還被拉到陣前展現給天下人看。更可憐的是，項羽在用太公和呂雉威脅劉邦的時候，劉邦滿不在乎地表示：「你與我是兄弟，煮了他們，也要分我一杯羹啊！」

也許這是劉邦的計謀，因為他知道自己如果表現出很關心的表情，會受到很大的掣肘，所以他無情地說出了這些話。但是更大的可能是，劉邦根本對這些無所謂。

呂雉很清楚劉邦的本性，這個時候，她不再痛苦，只有心寒。

在那個時代，任何女人都是工具，都可能隨時被放棄。沒有誰能保護她們。

除了權勢。

四・權勢

呂雉開始培植自己的勢力，第一個對象大概是審食其，這個青梅竹馬，陪著自己受苦的男人。要用什麼來拴住這個男人呢？自然是女人的天賦本錢。幾十年後的穢亂宮廷的傳奇，其實在審食其陪著呂雉進入項羽軍營的時候，就應該已經上演了。劉邦頭上的帽子，可早就有點綠油油的了。

呂雉成功地活著歸來了，劉邦或許有點失望，但是大概心裡有愧疚，也就沒有什麼其他的做法。呂雉也自然不會愚蠢地指責劉邦的冷漠，她只會慢慢鞏固自己的地位，為自己、為兒女打下堅實的基礎。

不世出的大軍事天才韓信橫空出世，楚漢戰爭的天平終於逐漸傾向了漢家。項羽最終敗亡，天下姓劉了！

在劉邦論功行賞的時候，他恐怕在思量著誰來做皇后？按照劉邦的意願，心愛的戚夫人恐怕最適合自己心意。但是，呂雉畢竟是陪著自己患難與共，並有了兒女的女人，即使是他想出妻，也得受三不出的限制，所以在最後，呂雉還是成了漢家的第一個皇后。

美人兒戚姬豈能罷休？

司馬遷在《史記》中記載的大多是很正統的歷史，但即使是如此，在寫到這段歷史的時候也忍不住提到了當時後宮的一些「小事」。不要小看這些「小事」，如果這些事不是鬧得沸沸揚揚，如果這些「小事」不是根植於當時後宮權力地位的殊死鬥爭，如果這些「小事」不是對大漢的政局有極重要的影響，又怎麼會讓太史公提上一筆呢？

戚姬美色絕倫，且能投合劉邦的意思，兒子如意則更號稱是「小劉邦」，即行事不檢點、有流氓風範。劉邦對如意的鍾愛和戚姬的枕邊風，屢屢讓劉高祖有廢掉皇后和太子，另立戚姬和如意的打算。呂雉就在這種極為險惡的情況下，求教了也能「運籌帷幄後宮鬥爭」的張良，請來了名氣極大的商山四皓，鞏固了被認為軟弱的太子劉盈的地位。

「良人傷妾心，可一不可再」，呂雉加快了掌握部分政權的計畫。要掌權，先殺人。朝廷中，誰最能讓呂雉立威呢？當然是功勞最大的那三個：被稱為漢初三傑的蕭何、張良、韓信。蕭何幫過忙，張良也幫過，且兩人狡猾至極，殺之不但無藉口，只能降低自己的人氣。無奈下，呂雉選擇了韓信這個大悲劇天才。殺韓信另外的好處是，劉邦不會干涉—韓信是任何一個統治者都忌諱的天才，戰時可用，太平必殺。

據說可以三不死的韓信，被騙入了未央宮—蕭何的計策果然可以安邦定國。隨口扯了幾句，呂雉便匆匆判定了韓信的死罪，圍上了窗戶，鋪上了草席，拿來了竹簽，韓信遂死。

韓信一死，朝廷震動。上至劉邦，且喜且哀之；下至群臣，兩股顫顫汗不敢出。呂雉的威名傳四方，天下人終於清楚地知道了這個殺死百戰百勝的韓大將軍的婦人有多麼心狠手辣了。除了劉邦，誰能保證不死在她手上呢？

於是，呂雉的權威變得很強勢，即使是在劉邦活著的時候。戚姬曾因此憂慮，但是劉邦卻只能高歌一曲來安慰愛姬，至於保護的方法，卻是欠奉—河東威風，天下皆知。

但是不滿的人多的是，替劉邦打下漢家天下的雄兵猛將們，紛紛以各種理由開始了反叛，劉邦帶兵一一掃平。但是到了後來，不可一世的高祖病了，他想派太子去平定叛亂。呂雉聞到了這個計畫背後的味道—太子有功不會受賞，因為賞無可賞；而太子有過則將受罰，戚姬在等著呢！於是呂雉親自去哭訴，用天下勇將瓊布和朝中諸將跋扈不可命的理由，把劉邦送上了戰場，於是劉邦在平亂不久後丟了性命。

自此呂雉成了太后，皇帝是她的兒子。

呂雉可以為所欲為了。

她首先要進一步鞏固自己的權力，於是自朝廷中，聽話的升官，不滿的死；姓呂的封為公侯，姓劉的都賜死……

為了私仇，她幽禁了戚姬，把千嬌百媚的女人作弄成了人彘；然後想盡辦法，毒死了如意。心滿意足的呂雉炫耀功績，把兒子拉來看火星人──人彘戚姬。可憐的戚姬，手足被砍掉，眼被挖耳被燒，喉中灌了啞藥，一直在廁所裡輾轉哀號──慘絕人寰。劉盈秉性忠厚，看到這些後大驚失色，生了場重病。病中，他痛不欲生，認為這種事只有畜牲才做得出來，但是呂雉畢竟是太后，他無法可想，遂覺得自己無能，於是天天藉酒澆愁，不理朝政。呂后雖然心痛兒子，但是兒子的做法也傷透了她的心。她乾脆把權力全都攬了來，一逞心中所願。為了名正言順地控制皇帝，呂后還把自己的外孫女嫁給了劉盈，也就是硬湊了舅舅和外甥女為配偶。

這個時候，更讓皇帝鬱悶的是呂雉與審時其的通姦案。一直具有深厚感情的兩人，很早的時候就有了姦情，只是沒人敢說而已。但成了太后的呂雉，有時難免得意忘形，被皇帝看了個正著。而攀上了「權婆」的審時其，本身也不是什麼安守幸福的人物，他平日間恐怕也會如嫪毐般以假父自居。

種種鬱悶下，劉盈翹了辮子。

傷心？當然，呂后畢竟還是人類。在傷心之餘，呂后漸漸覺得生無可戀—現在的皇室男子，可都不是自己親生的。隨便立了幾個傀儡皇帝並廢掉他們後，她開始打起了小算盤，準備把呂氏的子弟，也就是與自己有血緣關聯的一個小孩，弄成皇帝。這樣，呂氏的血脈就成了皇室血統，大漢要變天了！

但這個完美的計畫遇到了大問題，被她提拔起來的呂氏族人，一大部分是白癡，剩下的全部是笨蛋。在掌握了朝廷大權的情況下，呂氏仍然失敗了。忠於劉氏的一干大臣，奪取了軍權，順便奪走了所有呂氏族人的性命。

而呂雉，驚怒而死。

五・說呂

然而我們沒有資格責怪呂雉。

她顯然已經早不是那個能為了自己的父親、夫君、兒子犧牲一切的女人了。

她曾經擁有成為一個道德上完美的女人的幻想，以及所有的在行動上的努力，現在對她來說都是最惡毒的諷刺和最虛幻的枷鎖。這些帶給她的，只有經歷過的十幾年的痛苦和將會面對的幾十年的痛苦。為什麼別人能夠這麼對她，而她卻要苦苦的承受？

父親，為了一個貴人的前途，奉送自己給了一個無賴。

丈夫？他連兒女都敢不要，她呂雉於他，恐怕也只是浮雲。

兒子？可憐父母心，呂雉為了他耗盡心思，可是他只是因為另一個女人的慘狀，就與自己離心……

還有誰能依靠？

只有權力。

呂雉絞盡腦汁，甚至放下尊嚴去爭取權力。她自己不可能掌握一切，所以把目光投向了與自己有血肉相連的親人們。她把自己的哥哥弟弟侄子侄女姊姊妹妹妹……全部都委以重任，目的只有一個：讓呂氏的勢力達到最大，這樣就不會有任何人能夠再次傷害她。

在某天，呂雉驚奇地發現，自己的勢力已經能夠讓她做一件事：讓呂氏取代劉家。劉肥和呂須，哪個我相信？呂雉的心中自然不會有更多猶豫。對天然上更親近自己的族人，她更抱有一絲信心，她決定行動，篡奪劉氏江山。如果成功，她曾經的所有付出，無論是自願的還是被迫的，才算有了回報。

只是可惜……

民間固然有「龍生龍，鳳生鳳，老鼠的兒子會打洞」之說，但另一種說法也是不乏市場的：某些天才人物的親人後代，盡皆平庸，甚至愚鈍不堪。老天並沒有很照顧呂氏。在這個家族一連出了善相的呂公和極有權謀的呂雉後，呂氏家族其他人的靈氣都被搶盡，再沒有一個能夠拿得出手的人物。於是呂雉偉大的換天計畫的執行者們，就只能是一群只知享受而不會做事的酒囊飯袋，這些身居高位且有極大優勢和巨大篡位可能的廢物們，只是在呂雉生病無法執政的幾天裡，就在他們已經掌握了軍政大權的情況下，一夕之間因為自己的無能而被忠於劉氏的大臣們抄家滅族。

第二節 無能者的依靠——賈南風

曲折離奇的情節，驚天動地的場面，波瀾壯闊的背景……是本影片展現給您的。

一・騙與騙

時間：西晉

地點：長安

出場人物：晉武帝、太子、太子妃、大臣、晉兵甲乙丙丁、太監

ABCD……

「難道是天妒英才……」大晉王朝的開國君主晉武帝司馬炎仰天長嘆，他看著自己的兒子，喃喃自語。他痛並快樂著。

快樂是因為武帝看到了自己的兒子。這個兒子，是自己最愛的楊豔皇后的二兒子，也是長子死後的繼承皇位的頭號人物。根據嫡長子繼承制，武帝大行之後，這晉朝的花花江山，可都是這個兒子的。晉武帝想到這裡，一臉慈愛，伸手摸了摸兒子的大腦袋。看著兒子幸福地對自己笑，武帝突然感到一陣陣心痛：為什麼，這到底是為什麼，我上輩子到底做了什麼？為什麼我的兒子，帝國未來的皇帝陛下，居然是個笨蛋？

為了維護司馬氏的尊嚴，我用了「笨蛋」這麼一個看起來不是很恭敬的詞來稱呼司馬衷陛下。但是，這個詞絕對不是作者故意對皇帝陛下的大不敬，相反，它是一種美妙的諱飾。因為未來的晉惠帝司馬衷，是一個極出名的、極明顯的、極純正的白癡。

呃，限於本文並非醫學論文，因此對晉惠帝陛下的基因以

晉武帝

及誘發白癡的途徑，我將按下不表。我只會簡簡單單地給大家看幾個膾炙人口的例子，做為晉惠帝陛下遠遠不同於常人的證明。當然，按照為尊者諱的做法，晉惠帝陛下也許是一個思維過於深刻，因為生活在那個蠢人橫行的年代，所以才被明珠暗投的認為是一個「白癡皇帝」。

惠帝做太子時的事蹟，我們已經很難找到，但是看看做為皇帝的惠帝，參考價值也是不錯的。

有那麼一天，惠帝來到花園中遊玩時，突然聽到了青蛙叫。這一聽到可不得了，惠帝默默地困站半晌，一句話也不說。他那深邃的眼神立刻驚呆了所有熟悉他的侍從。大家都等待著，等待著皇帝發表意見。他們知道，也許皇帝又要發出驚世駭俗的言語了。果然惠帝不負眾望地問了個問題：「這青蛙叫，是為官家叫，還是為私人呢？」大驚失色的眾人無語，後來又一個小太監也很天才地回答了一句：「在官家地叫就是為公，在私人地就是為私人。」惠帝大悅。

又有一日，某地大旱災，飢民遍地，朝廷在商量怎麼賑濟災民。眾大臣討論中……惠帝突然哈哈大笑，眾默然。惠帝金口開了：「這幫人，怎麼不吃點肉粥呢？」眾人繼續無語。

太子的天賦不是突然得來的，在他是太子的時候，這種天賦應該已經表現得淋漓盡致，讓所有人都擊節而嘆。只不過，晉武帝的苦惱有誰知呢？晉武帝每天想的都是皇位交給誰。交給大兒子、交給其他兒子，又或者還是交給大兒子？

老婆總是別人的好—抱歉，扯遠了，武帝搖搖頭，應該是兒子總是自己的好，特別是最喜愛的女人的兒子。可是兒子是白癡呀，怎麼做帝國的皇帝、晉朝的領導者？他或許能無為而治，但是一幫如狼似虎的宗室們，可都在盯著呢！你再看那幫大臣，整天在我面前嘮叨，說什麼太子有古人之風，不就是說太子傻嘛，就你們聰明？但武帝替兒子有自知之明，於是咬牙下了決心，試探兒子：如果衷兒聰明，皇位給他；如果衷兒中人之智，皇位給他；如果衷兒愚鈍，皇位也給他；如果他十分愚鈍，皇位還是給他；如果他是白癡，哼，試過了再說，我看誰敢坐這個位子，除了我的衷兒。

武帝出手了：「衷兒，這裡有點東西，你給爹地看看，看完了隨便寫點什麼處理意見，三千字就行。太多？那一千字也行。」

在這個生死攸關的時刻，我們的主人母出場了，她就是太子妃賈南風。她很敏銳地猜到了武帝要試探太子，於是立刻找來槍手，那個時候找四六級槍手困

難，但是找一個能處理政務的槍手，比找條狗還容易。最後找了個牛人代寫。牛人大筆一揮，洋洋數萬字、縱橫八千里。沒見過市面的賈南風立刻要把初稿交上去，幸好被別人阻止了。給事張泓舉起兩個指頭，說了阻止的道理：「太子資質絕倫，天下聞名，皇上應該也清楚，那麼，這麼一片花團錦簇的文章，皇帝看了怎麼想？我覺得太子也不用這麼表現自己，只管藏拙就行。」賈南風深表贊同，文章的修改也在友好的氣氛中完成了。

武帝看了回帖，大喜，連呼狂頂——雖說文章質量不高，還略顯粗鄙，但是太子畢竟不是白癡了吧？皇位，就是他了。

有大臣心痛，趁著某次喝酒的機會裝醉，扶著皇座喃喃道：「可惜了好位子。」武帝也不怒，也不處罰他，只是說：「你喝醉了，下去吧！」從此，天下無人再敢可惜這個位子了。

在此次事件中，對事實心知肚明的一干人等，共同上演了一部大片——《無間道》。武帝成功地欺騙了自己——太子不是白癡；太子成功地保持了純真的思想——一無所知；太子妃成功地維持了自己成為皇后的希望；大臣們成功地表現了自己的忠心和才能；王爺們也成功地獲得了未來造反的野心……

一切，一切，都在按武帝的願望進行著……

只是出來混，遲早都要還的。

武帝大行，司馬衷即位，是為惠帝，皇后賈南風。由於惠帝陛下不「願意」處理朝政，皇后便「勉為其難」地代替皇帝，處理政務。

二・大女人

賈南風是大臣賈充的女兒，號稱醜色無雙，貌醜、面黑、身矮、善妒……絕對是極品。她的家庭，或許對賈南風的性格和悲劇有著最直接的影響。賈充幫助司馬炎脅迫魏帝退位，立下大功，深受寵愛，一般情況下，司馬炎很給賈充面子。而郭槐是賈充的續弦，受到賈充的放縱，極為自私、嬌縱、潑辣、陰狠。她天天胡思亂想，弄得家裡雞犬不寧。賈充為了安寧而步步退讓，只是讓事情變得更加不可收拾。郭槐只是因為懷疑賈充喜歡別的女人，就害死了自己的兩個親兒子。賈南風自幼長於這種家庭，頗有母風，堪稱「小郭槐」。

賈充因為馬屁功夫了得，受到其他大臣的嫉妒，於是想把他踢到外地做官。

賈充怕失寵而不願意去，於是找人想辦法。荀勖挺聰明，出了個主意：只要您女兒是太子妃，您哪都可以不去。於是，賈充運用了陰謀。首先是買通皇后在武帝耳朵裡吹風，然後聯合大臣來宣揚賈南風的姿容無雙和才德絕世。雖然武帝不是很相信，但是為了面子，又或者是為了保持政局的穩定，還是立了賈南風為太子妃。搞笑的是，本來武帝想立賈南風的妹妹賈午為太子妃，只是賈午太矮，穿不起禮服，於是大了司馬衷兩歲的賈南風，才得償所願。

賈南風成為太子妃後，立刻就感受到了太子的魅力，她終於瞭解什麼是白癡了。懷春乃是女子之本性，任何一個女人都希望自己的丈夫是一個才華橫溢、體健貌端的白馬王子，可是現實立刻讓賈南風的眼珠子掉了出來：太子實在是極品。這個太子妃時不時地發脾氣，太子被嚇得不輕，因為這個女人太可怕了，長得醜不是她的錯，可是出來嚇唬太子就不對了。太子雖然白癡，但是人類天生的審美觀還在起作用，太子於是有了寵幸他人的做法。

這還得了？我媽說了，丈夫是我的，誰都別想搶！賈南風堅持著這面大旗，開始嚴厲打擊太子對其他妃子的偷食行為。誰敢與太子在一起哪怕是一分鐘，賈南風就讓她不痛快一輩子！在最殘忍的時候，受到太子寵幸而懷孕的妃子也不能逃脫毒手，賈南風如同巾幗英雄般，手持七尺方天畫戟，硬生生打掉了那女子腹中的胎兒。

武帝大怒，欲要廢掉賈南風。但是在很多人的勸說下，武帝默許了這種極端瘋狂的嫉妒舉動，沒有處罰賈南風。賈南風高興之餘，變本加厲。

武帝試探太子的舉動讓賈南風心懷憂慮，於是採取了種種手段來維持太子的地位。而賈充為了自己以後能夠主持朝政，也想讓白癡成為皇帝。於是父女兩人沆瀣一氣，最終保證了太子繼承了大統。

武帝死前，托孤楊駿，亦即自己的老丈人。楊駿在朝廷中一手遮天，這大大打擊了賈南風，讓她惆悵莫名。為了能風光一把，賈南風決定跟那老賊來個魚死網破，畢竟她在中國人的皇宮中磨練了十幾年，在陰謀上還是頗有幾把刷子的。

於是，在楊駿受到宗室和朝野普遍反對的時候，賈南風開始做了準備。她準備廢黜太后，削弱楊駿在宮中的內應，同時勾結對楊駿不滿的宗室親王們勤王，爭取把楊駿置於死地。

老謀深算的汝南王司馬亮正準備看朝廷上演的全武行，自然不願意倘渾水。但是賈南風的槍有的是，年輕氣盛的楚王司馬瑋一跳三丈，帶著兵就進了城。

志大才疏的楊駿被殺，可憐的太后被關在城中餓死，至此賈南風總算除去了第一層障礙。在這次事件中，賈南風充分地表現了自己的見利忘義，她完全忽視了當年誰把她送上太子妃的寶座，並在很多情況下為她護航。她沒忘記的是，武帝曾經想把她送進金墉城——那個專門修建來存放後宮嬪妃的地方，於是，太后就死在那裡。

心痛、失眠、飲食不進、長痘痘，賈南風為自己仍然不能掌握大權而難受，因為司馬亮和衛瓘把持了朝廷。汝南王司馬亮想保持自己的地位並削弱其他藩王的勢力，於是裝模作樣地上書皇帝要求諸王進京。這一來，楚王司馬瑋首先不滿，因為他可是立下大功的人物。賈南風順水推舟，假借皇帝的命令，命令司馬瑋殺死司馬亮，然後再藉口司馬瑋擅殺藩王，弄死了司馬瑋。

朝廷中終於沒人掌權了，賈南風出場，風頭之勁，一時無兩。她開始有恩報恩、有仇報仇了，很多附和自己的馬屁精們都獲得了高官厚祿，成為晉朝的中堅力量，而賈南風的親戚們，更是因為血緣的關係成為了國家的最高大臣，基本上控制了朝廷。

不過在家庭生活方面，賈南風是很不如意的。前面說了，賈南風可是「絕色」，挺嚇人的，所以即使是心智不怎麼健全的皇帝也看不上她，再加上賈南風也看不起皇帝，因此賈南風一直就沒什麼完美的性生活可言，這也許是她沒兒子的原因。沒多大權力時，她想的是權力；有了權力，她可不想守活寡。於是，賈南風開始穢亂宮禁，與朝中的幾個英俊的大臣，以及民間的一些奇偉男子有了勾搭。你要問我有幾個，我只能告訴你：有很多……

皇帝呢？皇帝本來也什麼都不懂，他本來也沒自己做過什麼決定，本來就一直都被賈南風利用著，是賈南風矯詔的假借名義者。他以前是傀儡，現在還是傀儡，當然以後永遠是。

但是賈南風沒有兒子，這個問題非常嚴重。因為這就意味著別人的兒子成為皇帝後，賈南風和賈家將失去現有的一切！已經習慣了權力生活的他們，無法忍受這種失落，他們開始想辦法—李代桃僵。李代桃僵是歷史上一個非常好用的計謀，如果成功了，會變天的。呂不韋用過、呂后試過，賈后也準備學學前輩。她藉口自己懷孕，躲在了深宮中，遙控指揮著一切。但實際上，她是一隻下不出蛋的母雞，武帝的相女術還是很牛的，他老早就說過：「老賈家的女兒生不出啥，可能要壞我司馬家的後代啊！」果然如此，賈南風躲起來不過是在培養自己的親

戚，把妹夫的兒子當作自己的兒子，並準備廢掉太子後，由賈氏後代接位。

必須提到的是，賈充沒兒子。因為郭槐擁有無雙的嫉妒天賦，看到賈充親熱兒子就會懷疑奶媽勾引老公，就會弄死奶媽，於是兒子也因為悲傷而死。所以，不得已下，賈南風只好選擇了妹夫的兒子。

太子本身也是一個不拘小節的人物，平日做事頗不檢點，有很多為人所詬病的地方。賈南風就利用這些，先拼命地詆毀太子，然後在某次宣太子進宮的時候灌醉了太子，再逼迫太子抄寫了一份謀反的表文，拿給皇帝看。惠帝本來不信，但是最後還是被賈南風蠱惑，廢掉了太子。

這還了得？司馬氏的天下，妳賈南風作弄作弄也就罷了，反正也得罪不了藩王，妳專制也就是在中央，可是想廢黜太子，弄個親戚做皇帝，看來是瘋了吧？藩王們義憤填膺，決定一起來教訓教訓這個女人，不然她肯定以為晉朝皇帝不姓司馬而是姓司。

但是宗室們的本意並不在教訓賈南風來維護朝綱，他們只是為了把持朝政，並把太子變成自己的傀儡。更有的如趙王司馬倫，直接想除掉太子，於是放出風聲要復立太子，大驚失色的賈南風立刻搶先弄死了太子。她本來想賜給太子毒酒，但是太子防備甚嚴，最後不得不用藥杵砸死太子！

中計了，中計了，賈南風終於把自己陷入了大不利的地位，唉，可憐小女人，既無美貌也無英才，妳何德何能去做一個掌握天下的大女人！

司馬倫立刻聯絡幾個王爺，共同發兵起來對付賈南風。司馬倫率兵夜入皇宮，先劫持了惠帝，接著誅殺了掌權的賈南風的妹夫賈謐。勝券在握的趙王很快派出了跟賈南風頗有心病的齊王去「照顧」她。

齊王不負眾望地見到了賈南風，手持紙條口稱敕，說是皇帝下了詔書要收捕皇后。賈南風雖然心知不妙，還是心懷僥倖地說道：「別扯了，皇帝的詔書可都是從我手裡出去的，你奉的是哪門子詔？沒睡醒吧？」但齊王自動過濾了賈南風的一切話語，只管把她架到了惠帝面前。

賈南風絕望之際，看到了惠帝。她如同撈到了救命稻草，開始大聲疾呼，向著名義上的皇帝陛下：「皇上呀，您要看著自己的髮妻被廢，那不是等同於廢掉您自己嗎？」可惜，可惜的是，皇帝一來並不懂自己是什麼，二來他的權力也早就被賈南風架空了。他本來也不想救，更何況想救也救不了。

自作孽，不可活。賈南風被廢，被關入了金墉城──那個她早就該進去，並且

是她關押太后的地方。

賈家被滅，賈南風也被賜了毒酒。值得一提的是，賈南風賜給太子的是金屑酒，司馬倫賜給她的，還是金屑酒。

此所謂，成也金墉城，亡也金墉城；殺人金屑酒，終死金屑酒。賈南風，確實是「黃金家族」的極品女人啊！

三・後續

還有什麼？

下面是三個詞語。

狗尾續貂——司馬倫要做皇帝，於是逼迫惠帝禪讓。登基的司馬倫大肆封官，結果做為官帽飾物的貂尾不夠了，只好拿狗尾巴代替。

八王之亂——難道就你司馬倫尾巴長？憑什麼只有你能做皇帝？不甘寂寞的其他藩王紛紛起兵，開始了對皇位的爭奪。參與的一共有八個王爺，史稱八王之亂。

五胡亂華—八王之亂的最後，民生凋蔽，邊疆地區的防務鬆弛。戰敗的幾個王爺竄進了草原，勾結匈奴人的後裔進入中原。晉朝都城洛陽陷落，生靈塗炭。其他北方的遊牧民族看到了南朝的花花江山在招手，於是大規模地進入中原，建立了各民族的國家，征戰不休。史稱五胡十六國。

下面頒獎：

最佳導演：司馬炎

點評：演技無雙的老牌巨星成功地詮釋了一個慈愛的父親和一個不稱職的皇帝。在兒子是白癡的情況下，他不加考察地、盲目地割捨不下父子親情，在明知國家領導者不能是白癡的要求下，他毅然閉上了雙眼，不管國家和兒子是否會掉入深淵。在國與家、父與子、白癡與皇帝的思想鬥爭中，他選擇了家庭、兒子、親情和白癡。可以說，他一手導演了西晉王朝的最後歲月—即使是在他不能親臨現場的情況下，影片的進展依然那麼地順利和流暢。影片高潮部分的八王之亂和五胡亂華，節奏激烈、氣勢雄渾、影響巨大，堪稱絕世史詩。司馬炎的導演功底

可見一斑。

最佳男主角：司馬衷

點評：晉朝時代的阿甘，但智商可能更低。用一句話來形容：一個人白癡一時並不難，難的是白癡一輩子，但司馬衷完全的、徹底的做到了。自影片的開頭到結尾，司馬衷都極忠實的、極真實的、極精彩的演繹了一個白癡的傳奇一生。他那空洞的眼神、憨傻的外貌和衣襟上的口水，都證明了他的演技。雖然他出場不多，但是在有限的幾幕裡，他仍然極具水準的用扮相、肢體、語言和動作，深深地打動了一長串本來只能做配角的野心家們，進而為影片高潮的到來，埋下了長遠的伏筆。

最佳配角：八王

點評：高潮的推動者，但臺詞功底略有欠缺，如果能夠深入的體驗民間生活，向大眾學習，在舉兵反叛之前來上一句群眾喜聞樂見的「皇帝輪流坐，明年到我家」，絕對有點睛之力。

最佳動作場面：匈奴血洗洛陽城

點評：遊牧民族一貫的大製作，場面巨大、出場人物眾多、殺人盈城、血流成河，堪稱最熱血沸騰、最野蠻剽悍的動作場景。是遊牧民族幾百年來被中原壓制、不能掠奪中原的憋氣心理的一次暢快淋漓的大爆發。

最佳臺詞：何不食肉糜？/可惜了這個好位子（並列）

點評：第一句是最天才的語言，野心家聽了會產生野心，道學家聽了會大讚皇帝陛下的深謀遠慮，皇后聽了會自憐身世，忠臣聽了會吐血，父親聽了會認為是幻覺（當然聽不到了）。第二句則是驚天之語，世襲制下的一種挑戰，天下人的心聲盡在這一句中。而其背後，是天下人對白癡做皇帝的擔心，和隱匿其中的臣子自身對皇權的渴望。

最佳編劇：大禹

點評：請大家先默哀三分鐘，紀念偉大的大禹誕辰N週年。老人家雖然作古已久，但是他的精神永遠指引著我們。他的家天下的構思，影響了中國四千年。

本片完美地繼承了這一理念，並將之發揮到了極致，堪稱是向老人家敬禮的一部巨片。

最佳音樂：蛙鳴

點評：自然、天籟之音。成功地引發思想巨人—司馬衷的深切思考，激發千古名言。

最佳劇本：晉書

點評：帝王家譜，名不虛傳。事無鋸細，可載者載之。

最佳女主角：賈南風

點評：當之無愧的超級女人、一代女王！雖然在相貌上有極大的欠缺，但是賈南風沒有自卑，她用自己的心證明了自己是天下最善嫉妒的女人的翹楚。更值得驚喜的是，她不拘泥於自己的女主角角色，甚至在很多時候反串了皇帝的角色，掌握了無數本該由男主角發表的講話和詔書，也掌握了本該是至高無上的男性皇帝掌握的權力。這種不甘雌伏的精神，深深地感動了每一個演員。八王和遊牧民族的單于們，由男主角看到了皇位的可惜，由女主角看到了皇位的唾手可得，他們大膽演出了戰爭這一高危險性場景，就是受到女主角的鼓舞而來。男女主角的聯袂演出，堪稱珠聯璧合、一時之秀！

網上投票地址：www.xxxxxx.com.tw

電視投票請發送到16簡訊898xxx，參與我們的影片評選互動，為下一次評選，選出您心中的最佳明星！

候選影片：《傾國禍水——xxx》、《遊鳳戲龍——兩個男人中的孝莊皇后》、《三代不倒——王政君大傳》、《我是武則天》……

第三節 夾縫中的掙扎——孝莊太后

一・謠言

「您聽說了嗎？太后下嫁小叔子了呢？這對狗男女，真是不知羞恥啊……」

某甲在搖頭感嘆。

「啊，對啊對啊，我也聽說了。真是不要臉啊不要臉……」某乙大點其頭，一臉鄙夷地隨聲附和，「唉，等一下，您剛才說什麼來著？」某乙才發現自己好像並沒聽清楚某甲在說什麼，但是又好奇，所以頗不好意思地又問了一遍。

「唏喲，您還不知道吶？大玉兒等老公一死，怕當小寡婦，嫁給多爾袞了！蒙古人和滿清人，就是這麼胡來……」某甲不以為然地說道。

「……是真的嗎？」某乙壓根沒聽說過這些名字。

「電視劇裡說的，大清國的太后，就是《孝莊祕史》裡頭說的。昨天我親眼見到的呢！」某甲看不起某乙，這人太沒文化了，對清朝的事一點都不瞭解。

「大清國的事，關我屁事。」某乙莫名其妙，前段時間在關心升職，哪有功夫看電視？

「就說你這人很沒勁！來，來，哥哥我給你上上歷史課。」某甲摩拳擦掌，要給某乙講點什麼東西了。

「好，您說……我聽著呢！」某乙反正也無聊，因為升職早就沒戲了，聽聽吧！

「話說那大玉兒，可是一等一的美人兒啊，她……」

二・正史

她是蒙古人，科爾沁草原上

孝莊太后

的貝勒賽桑的女兒，全名博爾濟吉特．布木布泰，小名大玉兒。

四百多年前的蒙古科爾沁草原，比現在要美麗得多。藍藍的天空、綠綠的牧草、雪白的羊群、奔馳的駿馬……一切都那麼自然、和諧。

大玉兒雖然貴為貝勒之女，但住的可能還是蒙古包。她也像所有的蒙古人一樣，會整天騎著馬，飛馳在遼闊的草原之上，看著綠草蔓延到無邊的遠方，直達天與地的交界，那一塊塊發亮得如鏡子般的東西，叫海子，點綴在無邊的綠和散落的白之間，斑斕、跳躍……

大玉兒，科爾沁草原上最尊貴的家族的女兒，是有活潑的底氣和能力的，她的童年也一定是無憂無慮的，充滿了歡歌與笑語……

女孩兒慢慢長大，心思也多了起來。在崇尚武力和勇敢的蒙古，少女思慕的一定是威武的大漢，她滿心希望未來的夫君是萬夫莫敵的勇士，會大碗喝酒、大塊吃肉、大聲喧鬧、大膽求愛……

但是她是科爾沁貝勒的女兒，是蒙古貴族的後代，本來也不可能完全按照自己的心意來決定理想伴侶，再加上她處的那個年代，她就要面對更多的問題了。

滿洲人為了對抗明朝，絞盡了腦汁。他們很清楚自己的劣勢：兵不如明。明朝有近乎無限的兵力補給，滿洲不過百萬居民；明朝有近乎無限的土地，滿洲只有東北一隅；明朝本來可以有無限的後勤保障，滿洲只有苦寒之地做為大本營；明軍有火器之利、錦州山海之固，進可攻、退可守……考慮的很周全的滿洲統治者們很清楚：單單憑藉滿洲的力量，必定會被明朝滅族。

滿洲必須尋找自保之道。

根據《三國演義》中的計策，當面對強大敵人的時候，己方必須找到自己的盟友，並努力消滅對方的盟友。於是，與明朝有滅國之仇的蒙古人，就落入了滿洲人的眼中，成為爭取的對象。當時的蒙古人，雖然還保留著黃金家族的榮耀，但是長期的內鬥和明朝的打擊，已經讓蒙古勢力大為衰落，並分裂為幾部分。戰亂中的蒙古，很快就被滿洲人收服，成為滿洲對抗明朝政府的巨大助力。

當然，這種收服並非是全然的武力方面的，只有「以德服人」才能讓人死心塌地效忠自己。可惜滿洲人也沒有德，於是只好靠利益和感情來收服蒙古人了。首先是給與蒙古人極高的地位，至少要與滿洲人的地位差不多；其次要與蒙古的王公貴族聯姻，這樣就保證了最強大的蒙古部落能夠支援滿洲；再次要讓絕大多數蒙古人認同滿洲人，於是與蒙古的黃金家族聯姻，就更能保證滿洲皇帝的高貴血統而獲得蒙古人的忠誠。

科爾沁這一支的祖先，是成吉思汗的弟弟—至少是比較正統的黃金家族血脈了。同時，科爾沁草原水草豐美，在這裡遊牧的蒙古部落比較多，與中原的聯繫也比較緊密，無論是經濟實力、人口或者社會發展水準，都在當時的蒙古世界佔優勢。更重要的一點，科爾沁是距離滿洲最近的蒙古人聚集區，所謂的遠交近攻，說的就是戰爭之道，如果能收服近處的人，誰還願意進行戰爭呢？

滿洲先進攻蒙古，俘虜了蒙古王公，後來又裝好人，把王公送了回去，並厚厚地加以賞賜。先被打了屁股，但是又吃到糖的王公服氣了。滿洲人趁熱打鐵，又開始迎娶那些王公的女兒……

「彼有恩於我，背之不祥。彼復為我婿，百年後，我孫當繼大統，為天下之共主，何不親之？」如果蒙古王公有學問，就會向我這麼說了。但雖然人家沒說，人家的確是這麼做的。於是，整個蒙古，特別是科爾沁蒙古，與滿洲的聯姻，就成了一道極微靚麗的風景線。不過問題也有，就是亂倫。但那在滿洲，這個似乎也不是什麼問題：我不就是娶了姑姑和侄女嘛，有關係嗎？

好吧，他們說沒有，我們就裝作真的沒有問題。不過要提到的是，滿清最後幾位皇帝的連續絕後，可是要大大地感謝這些先皇的。

所謂「天生麗質父不棄，送進皇宮換土地」，說的就是塞桑，大玉兒的父親大人。面對這麼一個如花似玉的女兒，用她來換取最大的利益才不辜負了長生天賜給的禮物……可是怎麼來換呢？當然是把女兒送到處於蒸蒸日上狀態的滿洲人手中，比如：皇太極。

如果再向前看，我們更可以看出一些什麼來。科爾沁蒙古發展到後來，一共擁有四名親王。清太祖努爾哈赤和兒子們就先後迎娶了幾大親王的孫女們，他還嫁出了自己的幾個女兒給其他的蒙古王公，來加深王公們的忠誠度。

做為努爾哈赤後的皇帝，皇太極一共有五宮后妃，全部是博爾濟吉特氏的女兒，並且其中的三位還是親姑侄女：清寧宮皇后、關雎宮宸妃、永福宮莊妃。

永福宮莊妃，就是大玉兒。她入宮的時候，只有十三歲，皇帝則是三十四歲。

雖然還不能說一樹梨花壓海棠，但是壯夫少妻的說法也是免不了的。因為我們尚且沒有任何表明皇太極陛下有戀童的癖好，所以我們的大玉兒在開始階段不會很受寵的推測，還是非常有道理的，至少史料上也是如此記載的。

皇太極的皇后哲哲，是科爾沁貝勒莽古思的女兒，塞桑的姊妹。她嫁給皇太極後，一直沒有生育。而蒙古人卻迫切需要一個擁有蒙古血統的王子來加強信心，於是哲哲選中了自己的侄女大玉兒，來完成這個偉大的任務。

先讓我們為滿洲皇室和黃金家族的血液融合來乾一杯，因為大玉兒在入宮十三年之後，生下了所有人的願望的結晶——康熙的父親、乾隆的曾祖父——後來的福臨皇帝。

但是大玉兒怎麼想？

哈哈哈哈，一個女人而已。生孩子，為男人們傳宗接代、操持家務，就是她們的本分！

三．本分

大玉兒的本分是生孩子、傳宗接代、操持後宮。從十三歲開始，她就知道了自己的命運，也開始學習去做了。

她不再騎馬、不再出宮、不再嬉笑、不再開心。她應該為滿洲的皇帝，耗盡自己的最後一滴血汗，這是她，一個蒙古王公後代的榮耀！

大玉兒從十七歲開始生育，先後於一六二九年誕皇四女、一六三二年誕皇五女、一六三三年誕皇七女，一六三八年誕皇九子福臨。這段期間，她的工作比較簡單：吃飯、穿衣、服侍皇太極、接受寵幸、陪姑姑姊姊們聊天、暗地裡回憶自己的草原生活、學習皇宮的規矩、吃飯、換衣服、睡覺、吃飯、穿衣、服侍皇帝、接受寵幸……

當然，如果有了身孕，大玉兒就生孩子。然後，重複這種生活。

這就是規律性，完美的、不會有任何疏漏的規律性，這保證了皇帝後宮的安全、保證了皇帝有極大的自由、不會受到家事煩擾、會有很多兒女來欣賞和疼愛、有很多女人來滿足自己的探索慾……

大玉兒在內心中是怎麼想，我也不用具體分析了。皇帝有三千寵愛，她是皇帝感情的三千分之一。皇帝的寵幸啊，多榮幸！

大玉兒年紀雖小，但是入宮卻很早，至少比自己的姊姊海藍珠早。但是可惜，海藍珠一入宮就受到皇太極瘋狂的寵幸，以致在海藍珠死後，皇太極因過度

悲傷而亡！看到自己姊姊受寵而自己卻只能充當影子，大玉兒大概也會有那麼一絲苦澀。但是她又能怎麼樣？

男人，天生就可以有幾個女人。皇帝更是男人中的男人，自然應該有更多的女人。而我們女人，只是男人的附屬物，我們所做的，就是男人想讓我做的。大玉兒一定是這麼想，因為這種想法是當時絕大部分滿蒙婦女的最天經地義不可動搖的聖訓。

大玉兒默默地養活著自己的四個孩子。她最看重的是兒子福臨。

福臨雖然不是長子，但是他的地位非常特殊。首先，他的母親是蒙古王女，處女嫁出，保證了血統上的純粹；其次，他獲得了科爾沁蒙古的支援，如果有必要，蒙古鐵騎一定不吝惜為黃金家族的後代，進行一場決死的戰爭；再次，皇太極的五大正妃中，有三個人是親姑侄，她們會毫不猶豫地聯合起來支援這個唯一的男丁；另外，長子豪格的母親地位低下，血統不是很尊貴；最後，另外兩個大妃子，本來是皇太極敵人的妻子，血統上不能保持純淨、思想上更有搗亂的可能，自然也被排除。

於是在皇太極死後，朝廷動盪，皇太極長子豪格和皇太極的弟弟多爾袞，都盯上了皇位。因為福臨的年紀小，並且具有上述的優勢，最後多爾袞提議福臨做了皇帝。自此，天下太平，皆大歡喜。

那麼，在這個過程中，大玉兒和多爾袞到底是怎麼回事？大玉兒犧牲色相，多爾袞投桃報李？

扯淡！

大玉兒進宮的時候是十三歲，也許會情竇初開，但是為什麼就一定要按諸位的意願來看上多爾袞？多爾袞雄才大略一生，又怎麼會像個情種似的為了一個女人放棄皇位？要知道，當了皇帝之後，那天下的女人，可都是他的啊！如果他真的因為大玉兒的關係立福臨為皇帝，又為何要與皇長子豪格拼個不歡而散？

種種無奈，讓多爾袞選擇了福臨，那個只有六歲的小孩，可以被人所控制的小孩。

可是任何人都小看了大玉兒，那個把皇帝看得最重的、把家族看得至高無上的、同時又最疼愛兒子的女人的能力。

大玉兒首先要保住兒子的皇位，所以她在很多時候向多爾袞表示了政治上的靠近。她唯一能借來與豪格抗衡的，就只有多爾袞。

這個時候的大玉兒，已經不再是那個天真的少女了。皇宮是什麼地方？最沒人性、最壓抑、最醜惡、最暗無天日的地方。任何人想在這裡生存，都要經過最殘酷的掙扎，他們甚至不可能獨善其身—皇宮是物競天擇和不進則退的最偉大的戰場。

大玉兒，現在是太后，岌岌可危的皇帝的母親，無數的野心家環繞在周圍，虎視眈眈地盯著帝位。太后夜不成寐。

多爾袞的勢力在不斷地增強，曾經可以與之爭奪帝位的豪格，已經被幾個可笑的罪名弄死，曾經一起輔政的濟爾哈朗也早由親王降格為了郡王。多爾袞，大清攝政王、大清軍政大權的掌握者、大清一人之下萬人之上的驕子，還不滿足於自己的「可悲」地位，他始終對自己不能成為皇帝而耿耿於懷，每當閒暇，他便陷入一種矛盾的心態，他後悔自責而沒有稱帝。於是他開始使用御用器皿、私下裡穿龍袍、欲製造宮邸、史官按帝王之制為他撰寫起居注……天下但知睿王，不知皇帝。

大玉兒對多爾袞的靠近，自然也成了她與多爾袞有私情的證據，太后下嫁小叔子的流言，慢慢傳遍了天下，本來就對滿清入主中原不滿的一干人等，也推波助瀾的把這個故事演繹成了傳奇。但是在大玉兒看來，這些可能損害自己名譽的流言，還是遠遠不如自己兒子的皇位重要。為了能攏絡多爾袞，大玉兒把所有的污蔑全部看做浮雲，甚至容忍了多爾袞被封為「皇父攝政王」，一個在名義上佔了自己大便宜的封號。

多爾袞想要高位，好辦，就給他高位，只要他不廢掉皇帝自立，所有的高位都給他。於是多爾袞的高位，由「叔父攝政王」到「皇叔父攝政王」，再到「皇父攝政王」，多爾袞後來也不用向皇帝跪拜，甚至在他死後還被追封為「誠敬義皇帝」！

但是多爾袞終究還是沒當成皇帝，他在自己位置已經無法再高，眼看就要成為皇帝的時候，一命嗚呼。

大玉兒把喜悅埋在了心裡，對外表露的是極度的哀容。操辦婚事的太后讓皇帝宣告天下：舉國易服，為「誠敬義皇帝」多爾袞舉哀。多爾袞柩車到北京時，皇帝率領群臣，出門三千盡縞素，離京五里迎皇叔。多爾袞喪儀之盛，遠超同儕多矣。

然太后外鬆內緊，於喪儀時，收印信、滅逆賊餘黨、殺阿濟格、授意群臣攻

訐多爾袞……

福臨親政後的第二個月，太后示意皇帝再次詔告天下：多爾袞「某大逆」，當削爵毀墓並撤去太廟牌位、籍沒家產，多爾袞甚至從墳墓中被挖了出來鞭屍。

朝廷一靖。

四．砥柱

順治生下來時，太后自稱作夢夢到有神人送子，且宮中異香紅光經日不絕。福臨因此自負天命之子，頗為桀驁。在解決了皇位的威脅後，福臨開始與母親有了衝突。

為了讓蒙古人的血統繼續，太后把自己的侄女立為皇后。這本來是皇室中最正常不過的政治聯姻，但是皇帝不喜歡。皇帝要掌握自己的命運，「蒙古女人好是好，只是我不喜歡……」。皇帝迷戀上了董鄂妃，甚至要廢掉自己的皇后，而在此之前，福臨已經廢掉了第一個蒙古皇后，第二次廢掉蒙古皇后的結果，很可能造成滿蒙離心。

太后大怒，嚴厲斥責了皇帝，而董鄂妃也因某些原因死去。福臨感到生無可戀，於是出家。當然，他也真的或許是如正史中記載的那樣，因出痘死去。但真實的歷史已經不重要了，重要的是滿清的統治還要繼續，愛新覺羅的血統不會中斷！

根據遺囑，皇三子玄燁入繼皇統，是為康熙。為了避免攝政王的悲劇再次出現，福臨留下遺命：四大臣輔政。孝莊太后本來有可能垂簾聽政，但是清朝先祖曾經怕后妃干政亡國，於是立下了后妃不許干政的命令。孝莊太后不願意違背祖先的遺訓，也不願意為後世開一個貽害，於是放棄了垂簾的榮耀，開始專心地教育小皇帝，並允許四大臣輔政。

只是，歷史上從來不缺乏野心的大臣。勇猛的滿洲第一巴圖魯鼇拜大人跳了出來，想上位。索尼年老，不中用；遏必隆牆頭草，隨風倒；蘇克薩哈資歷淺，說話無力。於是掌握了軍政大權的鼇拜桀驁不馴，一時間朝野無人敢輕捋虎鬚。因為爭權奪利，鼇拜對皇帝有極多的大不敬舉動，有時甚至「攘臂帝前，強奏累日」要處死不附和自己的另一個顧命大臣蘇克薩哈。在鼇拜強健的胳膊的威脅下，康熙吃癟，被迫滅了蘇克薩哈的九族。

志得意滿、不可一世的鼇拜，開始為了自己能獨攬大權而徹夜狂歡。只是，他這種一點技術含量都沒有的做法，早就引起了孝莊皇后的重視，鼇拜之亡，盡在太后之手。

康熙八年，一夥終日玩布庫的少年們，七手八腳地摔倒了第一巴圖魯，把他捆成了粽子。鼇拜的黨羽也很快被肅清，朝廷再次回到了愛新覺羅的懷中。這次事件，後世的史書都把功勞歸功於雄才大略的康熙，視之為不世出的絕代天才皇帝的幼鷹初啼。但是，孝莊太后在此就沒有任何功勞？

能夠容忍多爾袞多年而毫不畏懼的堅強女人，能夠拖起孤兒幼孫的堅強女人，難道就會看著鼇拜放肆？她絕對是此次事件的始作俑者。只有她，才能教導小皇帝成人；只有她，才能讓小皇帝花幾年時間來訓練手下；只有她，才能在擒拿鼇拜後不慌不忙地把逆賊們安然處置；只有她，才願意把所有的功勞全部推給皇帝，讓所有的人都不敢對這個依然年輕的皇帝有半點輕視；只有她，才能為大清國的幾代綿延，絞盡自己的所有腦汁。

聖祖康熙的威名，自此傳遍了天下。太后信任孫兒，讓他自己處理朝政，因為只有實踐才能得到鍛鍊─畢竟太后不能永遠的守在孫兒身邊。康熙沒有辜負祖母，他細心地學習一切，任何事情都躬親自為；在遇到不能下決心的問題的時候，他就向經驗豐富的祖母請教。於是，他平定了三藩、統一了臺灣、安靖了邊疆、發展了經濟、治理了黃河、疏浚了運河……

滿清從動亂走向了穩定，從蕭條走向了繁榮。整個康乾盛世在康熙朝就奠定了基礎。清朝的最黃金時代終於到來，中國封建社會的最後一次高峰，也就持續了這許多年。

康熙二十六年，太后終於病倒了。以前太后也病過，但是因為憂心自己的孫子，總是挺了過來。但是這次，太后已經是完全油盡燈枯了。她也沒有任何遺憾，因為自己的孫兒已經顯示了一個偉大君王的所有特質─滿清的天下，算是鞏固了。

到十二月，太后已經無法起身。孝順的康熙晝夜不離左右，親自奉藥，並率領群臣步行到天壇拜天，請求用自己的生命增延祖母壽數。但是天命如此，人力何為？

二十五日，太后辭世，享年七十五歲，她遺命不要與皇太極合葬，而要被安

葬在清東陵旁邊的昭西陵，順治的身邊。用她的話來說，她要永遠陪在自己的兒孫身邊，保佑著大清的國運綿長。但，這或許也是與皇太極的感情不睦所致，誰管得了那許多。太后的遺願，我們要遵從。

塵歸塵，土歸土。

五・蓋棺

一個成功男人的背後，總是站著一個偉大的女人。幸運的是，這個偉大的女人，在三個皇帝的背後站了六十二年。

另附太后的幾句話，為孝莊一生的注解：

如果你愛她，把她送進皇宮；如果你恨她，把她送進皇宮。——大玉兒

戒急，用忍。——博爾濟吉特・布木布泰

第二章

一手遮天

——皇親國戚們的權傾朝野

第一節 成功篡位——王莽

一．豪族孤兒

即使是最顯赫的家族，也有很多的不幸。—王莽

漢武帝的時候，有個叫做王賀的繡衣御史，只是大漢朝廷中的一個小官吏。王賀的兒子叫王禁，王禁的妻妾共生了八個兒子和四個女兒，其中的一個女兒叫王政君，是後來漢元帝的皇后。王政君生了個兒子，叫劉驁。

本來很普通的家族，在漢元帝死後，就變得不再簡單了。因為劉驁當了皇帝，即漢成帝。漢成帝自然要尊自己的親生母親王皇后為皇太后，順理成章的，自己的舅舅們也就雞犬升天般地當上了大官。太后的哥哥弟弟們，都成了朝廷中

炙手可熱的大權臣，特別是王鳳，任大司馬大將軍並領尚書事，是朝廷中的第一號重臣。王氏家族的其他人，也都成為公侯之類的顯赫人物。除了王曼，因為他早死，當然也就不會被封為侯。於是他的兒子王莽，自然比自己的堂兄弟們在家境上差了許多。

王莽心裡是否在乎，我們不知道。也許他自知家境不好，也不願意怨天尤人，於是奮發圖強；也許他只是在做樣子，也許他本來就具有優良的美德……但無論如何，王莽表現出的，是一個非常合乎那個時代道德標準的大好青年的形象。

王莽並不怪自己的境遇不好，他抱著非常隱蔽但同時非常強烈的出人頭地的慾望，開始努力地磨練自己。他像一個普通家境的儒生一樣謙遜有禮、節儉勤奮，拜了當時社會上的文人名士為老師，虛心學文、苦讀經書。

王莽

在家裡，他非常恭敬地孝順母親和寡居的嫂子，對已亡兄長的孩子也十分盡心盡責的教導。他廣交朋友，對社會上的賢達名流和掌握朝政大權的叔叔伯伯們，他更是恭敬有加。

王莽的努力沒有白費，他賢明的名聲逐漸傳播開來，受到了社會上的廣泛注意。但是這些注意還是不夠的，因為社會上的輿論無法讓一個人地位變高。充其量，這些輿論只是敲門磚，用來敲開某些宮門。如果名聲真的有用，要皇帝幹嘛？

但時機很快來臨了。西元前二二年，王莽的伯父、獨掌朝政的大將軍王鳳生了重病，在家裡休養。王莽親自侍奉在王鳳病床左右，一天都沒有離開。為了顯示自己的關心，王莽親口嚐藥，以免燙著伯父。王鳳病了幾個月，王莽就服侍了幾個月，他真正做到了衣不解帶、夜不成寐，其孝道水準之高，王鳳的兒子們望塵莫及。王鳳對此極其感動，雖然自己病重無法痊癒，他在臨死時向太后和皇帝推薦了王莽，請求封王莽為官。

在太后的心中，王莽本來就是自家侄子，平常名聲非常好，也是一個很有能力的人物，更何況這個人對長輩還十分孝順──人才啊，太后現在最缺的就是這種能夠絕對忠於自己的人才。

於是，王鳳死後不久，王莽就當上了黃門郎。這個官職的品位不是很高，但這是皇帝身邊的近侍官職，升遷的機會多得是。果然，不多久漢成帝就給王莽升了職，讓他做了射聲校尉──一個品級較高的、相當於地方郡守的官職。對於年輕的王莽來說，這個職位已經相當高了，畢竟他才不過二十四歲。

王莽並沒有像自己的堂兄弟一樣地滿足於享受和玩樂中，他深深清楚自己的尷尬地位：他沒有足夠強硬的後臺，因為父親早死；他憑藉自己的孝順而獲得了當官的機會，孝順的人不可能很懶散地享受；要想獲得更高的地位，必須表現自己的能力。所以王莽仍然很努力，在家裡，他孝順母親和叔伯；在朝廷中，他尊重高官和顯貴；在輿論，他注重與讀書人的接觸；在民間，他注意攏絡宵斗小民……他的聲望繼續在增長中，前途無量。

西元前十六年，王莽的叔父成都侯王商也感受到了王莽的孝順，心情無比舒暢的他也學著故去的兄長王鳳上書成帝，請求將自己的戶邑分封給王莽。在這個時候，太后和皇帝就已經有些欣賞這個年輕人，因為王商居然不把戶邑留給兒子而是給了侄子王莽，這絕對是王莽的德行不得了啊！同時，給王莽造勢的還有王

莽平日接觸的許多名士，他們聯名上書皇帝，大肆讚譽王莽的人品和才德是萬中無一的德學天才……

有心栽培自己親戚的太后很滿意王莽的人氣，這樣的超級人才，可不能白白的放棄。於是王莽很快被封為新都侯，晉升為騎都尉光祿大夫侍中。光祿大夫的稱號，標誌了王莽可以參與議論朝政大事，而侍中更是讓他成為能整日待在皇帝身邊、最能體察聖意的人。在宮中值勤時，王莽極度地小心謹慎，他的謙虛度與自己官職的高升呈現出了不同凡俗的反比。但他並不自恃，繼續結交朝廷中的高、中級官員，與名士拉近關係，同時救濟一些窮困潦倒、不能生活的讀書人，很多時候王莽的家裡沒有餘財，他將自己的車馬衣物都分發給了賓客……

此等人物堪稱極品，太后和皇帝為此極度欣賞他，朝中的官員不斷舉薦他，在野的名士紛紛稱讚他，王莽的名聲逐漸超過了他的叔伯們，成為王氏家族當仁不讓的「首腦人物」。

二・名重

而立之年的王莽，名重一時。但是王莽要想更進一步，就必須跨過王氏家族的另一個名人—淳于長。

淳于長當時的官位和聲勢都在王莽之上，因為他曾經說服太后立了成帝最寵愛的趙飛燕為皇后，感激不盡的漢成帝立刻封了淳于長為關內侯，後又升為定陵侯。但淳于長的目光還是短淺了點，他過度驕橫，甚至調戲漢成帝廢掉的許皇后。這可不得了，即使是皇帝家的剩飯，別人也不許吃！漢成帝接到了王莽的密報，馬上處死了淳于長。

大義滅親的王莽，更受到了皇帝的崇信，於是當任大司馬大將軍的王根推薦王莽代替自己攝政時，成帝馬上就升王莽為大司馬。王大司馬，時年三十八歲。

大司馬閣下更加克己奉公了，他開始聘任賢良文學之士擔任幕僚，這樣就更提高了自己在士林中的聲望；至於百官，巴結自己還來不及呢；皇帝的賞賜和自己的俸祿也都被分給了天下的讀書人，王莽為此生活極節儉。根據史書記載，他母親生病，公卿高官紛紛派夫人前往問候，一位布衣短裙的婦人出來迎接客人，這批貴婦人剛開始以為這人是傭人，但一問之下才知道這是王莽夫人，天下人大驚、天下人大讚、天下人被騙……

此時的王莽，矯情做作、野心初露。

但是可惜，漢成帝死後，哀帝即位，哀帝母家的傅氏成了最顯赫的外戚。他們開始爭奪權力，目標便是王莽。為了避免朝局混亂，王政君命令王莽辭職。王莽雖然心有不甘，但是深深地知道自己地位全依仗王政君的他，還是聽從了命令，辭職回家。

這期間，發生了一件事：王莽的兒子殺死了一個奴婢。這本來是件小事，每個權貴的家中奴婢的死亡簡直是再正常不過，但是發生在王莽家裡就不同了。王莽為了自己的聲譽，逼迫兒子自殺。這種做法，已經超出了當事人的想像，很多人把這個當作是王莽賢良的證據，但是其實不然。王莽只不過在給自己臉上貼金，用的是兒子的血。如果向前追溯類似的時間，春秋時烹調兒子供給君王享用的易牙，就是王莽的榜樣。一個不愛自己兒子的人，能愛天下人？有非常之為者，非大聖，即大偽。

王莽在天下為之喊冤的呼聲中，被皇帝召回了朝廷。不久之後哀帝的死亡，讓傅家很快失勢，王莽重新成為執政大臣，他效忠於漢平帝。為了顯示自己的孝心，王莽命手下上書王政君，說太皇太后應該保重鳳體，不該太過勞累，一些繁瑣小事就不用躬親處理了。認為王莽孝順的太皇太后，十分高興地答應了請求，將朝廷大權盡數賦予了王莽。

頗有天下第一人風範的王莽，這個時候已有些跋扈，他網羅了一批手下擴展勢力，並為自己地位的繼續提高大造聲勢。元始元年，部分大臣上書王政君，要把王莽的功績看做媲美霍光，享受與霍光相等的封賞。王莽同時上書表示，希望朝廷先獎勵別的功臣，不必獎勵他。在面對獎賞的時候，他甚至不顧太后的多次詔令，堅決推辭。被矇蔽的群臣繼續上書，要求必須即時加賞王莽，才能表明朝廷重視大功，避免百官和百姓失望。於是太后下詔：封王莽為太傅，稱安漢公，以蕭何故居為安漢公官邸，定為法令，永遠遵守。

王莽「不得已」接受了安漢公的稱號，但表示要等到天下人都安居樂業後才會接受其他的封賞。為了讓王莽接受封賞，太后又陸續下了很多詔令，天下人都從中得到了好處。吃水不忘挖井人，天下人把這些好處的來源，全部記到了王莽身上。王莽風頭之勁，一時無兩。如果這個時候搞搞投票，估計王莽絕對能弄個

數百萬選票—當時有效人口的絕大部分。

王莽緊接著又實行了一些政策來攏絡天下人的人心：他封了劉氏宗室子弟及功臣後裔約三百多人為侯爵；他規定致仕的朝臣仍能領取原來俸祿的三分之一，朝野上下對此無不稱道。他為了攏絡儒生，將博士的名額增加至五人，令他們改正前人乖謬，統一異說；他擴充了京師太學，在郡縣設立學校：一連串的措施，使天下儒生紛紛上書歌頌王莽的功德。王莽對社會上的貧民也加以援助，曾先後數次賜布帛給各地老人及鰥寡孤獨者；又曾獻田三十頃、錢百萬交大司農賦給平民；遇到災荒的年景，王莽還素食來表現自己的與民共患難；他平時受贈的錢財也都用來贈送給賓客和名士。五十萬吏民上書稱讚他，甚至有人把他比喻為周公旦。

這個時候的朝廷，就好像是那最最美好的社會，天下太平，人皆願為犬。

因為大權在握，王莽難免有得意跋扈的時候。他的長子王宇看不慣父親，便上書皇帝小心王莽。王莽得知後，立刻把王宇投入監獄，並逼迫他服毒自盡。王莽至此仍不肯罷休，在他看來，兒子是被某些人蠱惑了，才做出對抗父親的事來，於是他經由制裁王宇的妻弟呂寬，將中央到地方的大小官員及其親屬牽連處死的達幾萬人。

為了鞏固地位，王莽還把女兒嫁給了平帝，成為平帝的老丈人。而漢平帝雖然在名義上仍是帝國的最高統治者，但是朝廷的大權，幾乎都掌握在王莽手中。王莽在很多時候都以皇帝年幼的名義，擅自處理朝廷政務，完全架空了皇帝。

如果平帝知趣，忍上一段時間，等到自己年紀稍大能夠親政再表露對王莽的不滿，那樣或許有機會保住性命。但是年少氣盛的平帝，屢次表明了自己對老丈人獨攬朝政的憤怒。王莽何等人物，焉能給自己留下大禍害，不久之後，平帝就死去了。

平帝死後，元帝的子孫一脈正式絕傳，但是屬於劉氏血脈的皇室子弟還是不少，其中也不乏一些年紀合適、能力相當的人才。但是，王莽需要的是傀儡，所以他選了一個恐怕還在尿床的兩歲嬰兒做了皇帝。政權，仍然緊握在手中。

天下漸漸出了很多莫名其妙的東西，這些東西有時是石頭、有時是雞鳴、有時是狗叫……但是所有的東西都有一個共同點：它們雄辯地告訴天下人，王莽才是上天選中做帝國皇帝的人。

當然這些東西，一部分是王莽自己埋下去再挖上來增加國家ＧＤＰ的，一部分則是想出頭的人製造出來拍馬屁的，還有的則是以訛傳訛的不實之詞。但是無

論如何，在王莽的推動下、在朝廷大臣「勸上」的「頌詞」上、在讀書人的吹捧裡、在百姓熱切的討論語言中，王莽應「上天的指示」和「天下人的希望」，正式成為了皇帝。

王莽，終於從皇帝的背後，走向了正式的前臺。

三・說莽

王莽，西漢的終結者，新王朝的建立者。他從一個孤兒，逆轉命運成為皇帝的經驗，激發了無數中國人的雄心。在他之後，野心家們雖然也對他進行了無數的口誅筆伐，但他們同時一直按著王莽所走過的路走了下去，希冀能有王莽的運氣。有些人成功了，當然更多的人失敗了。無論成功的人或者失敗的人，他們的經驗也都給了皇帝一個警告：政權並不永遠屬於皇帝，當有權臣的權力已經太大的時候。

王莽篡權的過程並不十分複雜，關鍵只在幾點：首先他要有一定的名聲，這

第二章

一手遮天

——皇親國戚們的權傾朝野

樣才能獲得別人的推薦—在察舉制盛行的漢朝，這是一個並沒有足夠後臺的人進入朝廷的最佳途徑，也是最無奈的途徑；其次他要有一定的才能，很多人喜歡傀儡，但更多無能的人喜歡有才能的人能夠為其所用；再次，他要有足夠的耐心，以武力推翻一個王朝只需要幾年，但是和平演變一個王朝至少需要幾十年；接著，他要有循序漸進的一系列政策，沒有足夠的政策支援，篡位只是空想中的社會主義；最後，要背得起千古的罵名。當然，這其中，對當權者的奉迎是必不可少的，只有取得當權者的支援，才有可能進入最高決策層，並展開自己的計畫。

西漢末年，土地兼併達到了頂峰。大量的土地集中到少部分高官富商手中，以致於大量的無地農民不得不租種他們的土地。但是由於剝削過於嚴重，農民不得已而發動了起義，整個社會陷入動盪。而整個統治階級都忙於追求享受和利益，並不把民生疾苦放在心中，他們所關心的，只是自己的前途。至於天下會有什麼深重的災難，在他們看來是無所謂的。但是同時，他們也深切地感受了動盪的社會帶來的種種不便，他們內心中也是渴望一個強而有力的皇帝能夠出來整頓這種局面，讓他們的快樂生活能世世代代地延續下去。剛開始，他們把希望都建立在漢朝皇室身上，但是西漢的皇帝們一次次讓他們的想法破滅。處於農民起義

壓迫中的廣大上層階級們，只有接受了這種狀態的延續，但是同時，他們或許也有了換一個天下的打算，只是這次由誰來挑頭呢？

西漢開國之初，呂后一族就已經開始干預朝政，他們甚至差一點就把漢家江山換了主人。漢元帝死去之後，憑藉之後連續四朝的太后王政君的絕代政治手腕，外戚王氏逐漸把持了西漢政權。漢成帝劉驁即位的時候，王莽的伯父王鳳、王政君的兄長，以大司馬大將軍領尚書事的身分輔政，幫助漢成帝處理政務。王政君的弟弟王譚、王商、王立和王根，則在一天裡被封為侯爵。這個時候，王家權傾朝野。朝廷重臣、地方長官多出自王氏門下。王鳳死後，王音、王商、王根先後接掌了權力為輔政，漢朝皇室的實權已經旁落到王氏手中。王莽由於日常的表現極為孝順、「折節為恭儉」、「勤身博學」、「事母養孤」……於是在大將軍王鳳的引薦下，出任黃門郎，官至光祿大夫侍中，爵新都侯。王根死後，王莽任大司馬，時年三十八歲，此時的他已經可以獨掌朝政。至此漢室政權被王氏一脈前後執掌二十餘年，九人封侯，五人任大司馬，王氏的其他子弟也各據要職，成為勢力甚至高於皇帝的存在。如果王氏要篡位，易如反掌。

王莽本人，是一個很會偽裝的人，他的私下性格是非常敗壞的，但是他在公眾場合，總能讓人看到自己高尚的地方。在不明白他真面目的情況下，大家都認為他是一個非常有德行的人，甚至朝中的重臣、天下的百姓和讀書的儒生，都一起為他搖旗吶喊。由於王氏一脈長期把持政權，大部分王氏子弟都極端的驕奢淫逸。王莽則因為父親早亡，沒有沾染富貴習氣，相反的，他飽嚐了艱辛，於是有儉樸謙恭的性格。他的這個優點，得到了王政君及王鳳的深深喜愛，於是不時加以提拔。王莽取得高位後，也能在表面上禮賢下士，因此朝中的不少大臣都願意與他交往。王莽的聲譽逐漸擴大，被認為是最優秀的人才。他的叔父王根死後，他繼承了王根的位置成為大司馬。他任職期間對政事非常勤快，也頗有選賢與能的行為，因此受到了朝野人士的一致推崇。

在追求好名聲的同時，王莽一直沒有停下自己對異己者的打擊。曾經有一段時間，傅太后的外戚奪取了主要權力，王莽被迫閒散了。但是當王政君把皇位又奪了回來後，王莽迅即對傅家展開了極為凶殘的報復，傅家因此而滅族。至於朝廷中的其他大臣，王莽更是在他們不依附自己時打擊之、兵滅亡之。在他篡位之前，朝廷中已經沒有太大的不同聲音了。

在這期間內，漢朝頻繁地更換了幾個皇帝，他們不是在位時間不長，就是沒

有能力上朝，大權也因為太后王政君的堅持而被賦予了王莽。王莽小心翼翼花用了幾年時間，再加上他的父輩做的努力，才終於在羽翼完全豐滿的情況下代漢自立。這個時候，正是皇權缺失的時候，不能對王莽及其家族勢力予以壓制，遂有此禍。

《漢書》對王莽的評價是，「王莽始起外戚，折節力行，以要名譽，宗族稱孝，師友歸仁。及其居位輔政，成、哀之際，勤勞國家，直道而行，動見稱述。豈所謂『在家必聞，在國必聞』，『色取仁而行違』者邪？莽既不仁而有佞邪之材，又乘四父歷世之權，遭漢中微，國統三絕，而太后壽考為之宗主，故得肆其奸慝，以成篡盜之禍。推是言之，亦天時，非人力之致矣。及其竊位南面，處非所據，顛覆之勢險於桀、紂，而莽晏然自以黃、虞復出也。乃始恣睢，奮其威詐，滔天虐民，窮凶極惡，流毒諸夏，亂延蠻貉，猶未足逞其欲焉。是以四海之內，囂然喪其樂生之心，中外憤怨，遠近俱發，城池不守，支體分裂，遂令天下城邑為虛，丘壟發掘，害遍生民，辜及朽骨，自書傳所載亂臣賊子無道之人，考其禍敗，未有如莽之甚者也。」

由皇帝的背後成功地走到前臺，就是王莽的禍敗之所以最「甚」的原因。

第二節 亡身滅族——梁冀

一・嘮叨

寫書難啊……

因為你要表現得自己什麼都要懂。在書裡，為了說服別人，一定要顯示自己的天文地理文韜武略，一定要顯示自己有夠厲害，前知八百年，後知五百載。

當然，上面的嘮叨並不是就本書的寫作而言。因為在寫本章的時候，我們完全可以從《後漢書》中找到自己所需要的資料，我們只需要引述。

梁冀

我心疼的是那些史官們，你看他們，要寫一本書，得掌握多少東西啊。
就梁冀的傳記來說，史官們顯然選修了「相術」這門課。

二・梁冀的錯

長得醜不是他的錯，出來害別人就不對了。

國際領導人不應該很醜，於是根據《後漢書》，梁冀就首先缺乏了成為合格國家領導人的相貌條件，他「鳶肩豺目，洞精矘眄，口吟舌言」，說白了就是兩肩上聳、兩眼上豎、眼睛 凹、茫然直視、說話含糊不清。嘖嘖，雖說烏克蘭總統尤先科也不是很玉樹臨風，不過那是政治陰謀的犧牲品，自然做不得數。

不過梁冀有才氣啊，他會的東西，莫說一般人，就算是無所不能的孔聖人，都未必做得到。他「少為貴戚，逸遊自恣。性嗜酒，能挽滿、彈棋、格五、六博、蹴鞠、意錢之戲，又好臂鷹走狗，騁馬鬥雞」。果然不錯，掌握了那麼多的技能，而且每樣都挺精通的。

就拿出身來說，他從小就是貴戚。這個貴戚可不是一般的貴戚，他可是梁家的後人！哪個梁家？嘿，那可是貴族，但梁家是什麼樣的貴族呢？

梁家一共出了三位皇后：漢和帝的生母、恭懷皇后，漢順帝的皇后，漢桓帝的皇后。梁家的後臺硬啊！不信你算算。拿梁冀的老爹梁商來說，現在的皇帝漢順帝，是自己姊姊的兒子、自己女兒的丈夫……梁冀就是漢順帝的小舅子，未來漢桓帝的舅舅。梁家的水，太深了。

但是梁家並不跋扈，至少在梁商的時候是這樣。《後漢書》雖然把梁冀罵得一文不值，但是對梁商，還是頗說了幾句好話的：「其在朝廷，儼恪矜嚴，威而不猛。退食私館，接賓待客，寬和肅敬。憂人之憂，樂人之樂，皆若在己。輕財貨，不為蓄積，故衣裘裁足卒歲，奴婢車馬供用而已。」好人啊！而且這人還有另外一個好處，他比較注意檢束自己和自己的家人，於是在當時，在宦官名聲最為「漂亮」、外戚名聲僅次之的情況下，梁商保持了清醒的頭腦，沒有被「勝利」沖昏腦袋，能如此的謹慎守禮，實在難能可貴。《後漢書》中對他的議論「自以戚屬居大位，每存謙柔」，還是很切合實際的。

在梁商死的時候，說了一段請求葬事從儉的話，「吾以不德，享受多福，生

無以輔益朝廷，死必耗費帑臧，衣衾飯唅玉匣珠貝之屬，何益朽骨？」這也頗能做為一個蓋棺的定論。梁商儘管權傾一時，但還是比較明智的，他至少知道外戚如此恣肆不法的出來混，遲早要還的。

梁冀果然出來還了，雖然本來他只該還自己的，但是由於欠帳太多，他的整個家族，都替他還了。於是到現在，梁家的所有人，都早就成為塚中糞土矣。

從梁冀少年時從事的技能來看，他的人品也就那樣了。家裡嬌慣、本人的本性、高高在上的地位、對權勢的野心、極強的佔有慾和嫉妒心……所有能讓一個人墮落的條件，梁冀都具備了。他接著要做的事，就是繼承老爹的位置，開始隨心所欲地荼毒天下。

對不起，我污蔑了梁冀。所謂三歲看人，梁冀先生難道只是在成為大將軍後才荼毒天下的嗎？當然不是，一個人如果沒有充分的歷練，即使想荼毒天下也沒這麼容易。這麼高難度的事，還是要專業人士經過長時間的準備才能做到。要不然，那些權貴的子弟怎麼還要分為紈褲子弟和禍國奸臣呢？

梁冀不是紈褲子弟，他是禍國巨惡。比如在他還小的時候，梁商的好朋友洛陽令呂放，曾經出於對朋友兒子的關心，暗示梁商要好好約束一下兒子，這樣才能避免一些禍事。梁商大概也知道自己兒子天縱之才，人所能比，於是就狠狠地教育了梁冀一番。但梁冀嚥不下這口氣，我梁冀踩你呂放尾巴了？我梁冀挖你家祖墳了？一不做二不休，梁冀找了個殺手擺平了呂放。梁商傷心好友之死，開始全城大搜捕。梁冀也慌張了，於是自告奮勇去查，弄出了呂放的仇人所為的證據，還推薦了呂放弟弟呂禹為洛陽令，負責除掉呂放仇人的計畫。在大肆捕殺下，殺手被滅口，梁冀拍拍屁股，啥事都沒有。

梁冀不知道怎麼樣跟崔琦交了朋友。崔琦頗有文采，還很講義氣，為了勸告梁冀走正路，他引古喻今洋洋灑灑地寫出了《外戚箴》和《白鵠賦》，明確地告訴梁冀：做好事的人，地位堅固；做壞事的人，危險啊！你一定要聽從別人的勸告，不要太自以為是。崔琦義氣夠了，可惜遇人不淑。梁冀是何等人物，自己老爸的朋友都敢殺，你一個小小的崔琦，還敢太歲頭上動土、老虎嘴裡拔牙、梁冀面前勸告？於是梁冀打了個響指，崔琦就死了。

不過這些都是小事，根本不會有任何負面影響。有自己的父親、姊姊、妹妹、姑姑撐腰，梁冀的官升得極快，他不是平步青雲，人家可是生在雲朵中，再升到天上的人物，根本不需要平步。「初為黃門侍郎，轉侍中，虎賁中郎將，越騎步兵校尉，執金吾」，「拜為河南尹」……

三・無恥大將軍

父親死後，「吃喝嫖賭」本領無雙的人物梁冀，成了大將軍—朝廷中除了皇帝外，最大的行政長官。

梁冀在這段時間除了玩樂，什麼都不會。我們不能昧著良心說梁冀在這個時候就殘害忠良了，因為他這個時候的確是在享受生活，沒時間去害別人。皇帝在親政，自己去弄別人，不是找難受嗎？

漢順帝好在死得早，梁冀很快就出人頭地了。由於兩歲的漢沖帝只會吃奶，太后不得已臨朝聽政，她自然是相信自己的親戚，於是下詔命梁冀與太傅趙峻、太尉李固，執掌國政。梁冀雖然口頭推辭，但是實際上卻是更加殘暴和奢侈。

漢沖帝很快就夭亡了。大臣們商量著再立個皇族子弟來充皇帝。清河王劉蒜年紀比較大，並且德行也不錯，被推薦為候選人。不過這次不是民主制度，梁冀一票就否決了。在他看來，弄個不懂事的皇帝，自己替皇帝來行使權力，才是最正確的。於是八歲的劉纘，成了漢質帝。

可惜了漢質帝，年紀那麼小就聰慧異常，他一向知道梁冀驕橫跋扈，於是就在朝會上當著大臣的面評價了梁冀：「此跋扈將軍也。」

梁冀差點沒暈過去，你一個小屁孩，吃吃奶就行了，居然還來罵我。梁冀怒從心頭起、惡向膽邊生，馬上找人請漢質帝吃了毒餅，質帝遂死。

沒辦法，大臣們又湊了一桌，繼續討論立皇帝的問題。由於考慮到國家需要一個能幹的皇帝，大家這次都推薦清河王劉蒜來坐這個位子，因為此人很有可能把國家帶向繁榮。但是，我們的梁冀「首相」高屋建瓴地指出：「我不同意，沒有理由的不同意，你們就全當我不喜歡。清河王劉蒜很好，但是我就是不喜歡。只要我不喜歡，他祖墳上冒青煙也沒用。」有人還想據理力爭，但是梁冀立刻召集了公卿，嚴厲地斥責了這一反對最高領導人的行為。還有人想說話，但是梁冀立刻站了起來，宣布大會圓滿結束，大家已經就全天下都關心的問題達成了高度的共識。這個時候，老實人李固犯蹶，堅持自己的意見。梁冀大怒，立刻遊說太后立了劉志為桓帝。

雖然皇帝已經照自己的心意立了，但是李固的做法無疑是在給自己添堵，梁冀不舒服。既然不舒服，這病根就得除！欲加之罪，何患無詞？更何況，咱們梁冀梁大人一向是不需要理由的人。不過這次梁冀很守法，他很用心地給李固安排了幾個罪名，比如假公濟私、勾結同夥、鑽營官職……根據這些彌天大罪，梁冀要求太后殺掉李固，以解「天下人之恨」。太后好在不糊塗，指使把李固罷為平民，沒有賜死。後來有人不滿梁冀，想立劉蒜為皇帝，但是機密敗露，發起人劉文被殺，劉蒜也被貶為尉氏侯。梁冀不願意讓李固「逍遙法外」，遂找了幾個歪瓜劣棗誣衊李固，說李固幫助劉蒜謀反。他先把李固抓到了牢裡，然後興沖沖地找太后要殺李固的詔書。不過太后雖然護犢子，但是畢竟也是有見識的人物。天下人一向都知道李固是一個非常正直、甚至有點迂腐的讀書人，這種人絕對不會做的事中，就有一件是絕不謀反。正好這個時候李固的門生王調、趙承等數十個學生站在皇宮外為李固鳴冤，太后就準備赦免李固，放他去民間。梁冀一聽，這可了不得，心說：「趙高一個小人物都能指鹿為馬地弄死幾個大臣，難道我梁冀還比不上他？」梁冀決定先下手，李固於是被處死。

梁冀這個人喜歡錢財，更喜歡享受。在他看來，擁有最奢侈的生活，才是一個人最大的追求。於是他成為大將軍後，開始大興土木，為自己修建無數瑰麗豪奢的宅第園囿。他的老婆孫壽，也不是一個善類，整天想的不是規勸自己的夫君，反而是超過梁冀成為最奢華的人。孫壽命令手下仿照梁冀的做法，在梁冀宮殿的對面也開始大造豪宅，兩人到了後來，攀比的心就再也難以停下，兩人追求的只是壓倒對方。你造一個，我造兩個；你造兩個，我造兩對……

於是，整個漢朝的ＧＤＰ因為夫婦兩人建造房屋的熱情，有了巨大的上升；京城的建築業，也呈現欣欣向榮的態勢，整個京城的房地產業因此發展了起來，京城面貌煥然一新：他們建造的宮殿樓閣佔地甚廣，難以計算，同時每個地方都極盡奢華之能事。兩人為了顯示自己的奢華，於是乘著一輛輦車，在馬屁精們前呼後擁下，整日在宮殿池閣裡遊蕩。建築見多了，兩人又開始追求野趣，於是又進行了「圈地運動」，把幾片地區劃為「環境保護區」，禁止別人打獵。「西至弘農，東界滎陽，南極魯陽，北達河淇」，兩人的園囿「包含山藪，遠帶丘荒，周旋封域，殆將千里」；他們還造了「經亙數十里」的兔苑，由數萬名被徵發的民工用幾年時間才修成。而兔苑中所養的兔子，絕對不能被誤殺，如果有人傷了兔子，就要拿命來換。

喜歡錢，喜歡奢華，自然就要想辦法弄錢，梁冀於是開始了資本累積。但那些比較正經的營生方式賺錢太慢，他決定發揮自己的優勢，為了錢包而努力奮鬥。他的目光深遠，投向了整個天下。

首先是大臣，所有人都要給自己送東西，不然就不會有好下場；如果某人家裡有什麼值錢的或者珍貴的東西，也要送來給梁冀欣賞，如果不送，下場也是很慘。比如人司農杜喬，家裡有一個很珍貴的金蛇，很值錢。梁冀垂涎已久，於是找杜喬「借」金蛇看一看。對於梁冀「借荊州」的品格，杜喬清楚得很，於是拒絕了梁冀的請求。梁冀當時可能忍了，因為杜喬家裡也頗有勢力，太后也信任他，這個時候對付他比較麻煩。梁冀於是轉而向其他人勒索，名義有千萬種：自己生日、老婆生日、母親生日、兒子生日、女兒生日、寵物生日……梁冀要公卿們為自己的女兒奔喪，順便交財禮，但是杜喬沒去。梁冀又忍了，因為其他人知趣得很。後來梁冀的妹妹成為皇后，他藉口大喜，向朝廷索要黃金二萬斤。杜喬認為沒有這種做法，反對梁冀的獅子大開口。梁冀很多時候以賣官來弄錢，比如汜宮送了他很多錢，於是梁冀就想任命汜宮為尚書，不過杜喬又反對這種做法，因為汜宮的名聲就像狗屎一樣臭，此人貪財、受賄、行賄，無恥之尤。

梁冀覺得自己三番兩次忍了杜喬，可杜是喬還是很不知趣，老是頂撞自己，決定給杜喬點顏色瞧瞧。趁著劉文擁立劉蒜為皇帝的東風，梁冀把杜喬捎帶上，說杜喬與劉文溝通謀反。大罪名不小，太后也不信，只是罷了杜喬的官。杜喬於是隱居在家，想躲一陣子，但是梁冀步步緊逼，要杜喬自殺謝罪。杜喬不是日本人，幹嘛要謝罪，便拒絕了梁冀的「勸說」。梁冀大怒，把杜喬逮到了大獄裡，不久杜喬就「病死」了。梁冀這口氣，出的那叫一個爽！

僅僅依靠壓榨官員，得到的還是很有限，梁冀與孫壽一直沒停止過對天下的挖骨吸髓。扶風地方有個叫士孫奮的小財主，家裡很富有但是比較吝嗇。梁冀垂涎他家的財產，於是扔給他一匹馬，說要用馬做抵押借錢五千萬。奮不捨得，只拿出了三千萬。梁冀丟了面子，於是讓郡縣長官抓住奮，誣告奮的母親曾經是梁家看守寶庫的奴婢，偷盜了白珠十斛、紫金千斤後叛逃，根據這個罪名，奮和兄弟都被抓，不久就死於獄中，家裡的億七千餘萬財產，也全部落入了梁冀手中。梁冀的目光是深遠的，他看到了天下：各地進獻給皇帝的各種珍貴寶物，都必須先送到梁府挑選，然後才能輪到皇帝。梁冀還派人到邊疆的各少數民族中，訪求珍奇的東西來供自己玩樂，至於可能得罪邊疆帶來禍患，他完全不管不顧。為了滿足淫慾，梁冀霸佔了不少好人家的女子，導致民間怨聲載道。

梁冀秉性殘暴，一言不合就動手，即使對方是國家機關的人員，他都不放過。為了讓自己過得更舒服，他還拉攏一些敗類為自己的得力助手；有的時候他還擄掠百姓充做奴隸，然後逼迫他們為自己工作……

最慘的是，梁冀的手下也要時時刻刻保持警惕，因為梁冀喜怒無常，經常對自己人下黑手。只要手下有一點違背他的意願，他就不客氣了，會流放他們、殺死他們，或者拋棄他們。這個梁冀當真是一點也沒心肝的人。

但是他是梁冀，他的妹妹是皇后，皇太后是他的姊姊，他的權勢如此之牢固。漢桓帝立了梁冀的妹妹為皇后後，加封給梁冀一萬三千戶，增加大將軍府中屬官的數量到三公的兩倍。為了顯示崇信，皇帝讓梁家的雞犬也升了天：梁冀弟梁不疑被封為穎陽侯，弟梁蒙為西平侯，兒子梁胤為襄邑侯，各食邑萬戶。到後來，梁冀的食邑達到了恐怖的三萬戶，再加上老婆孫壽陽翟的五千萬歲入，梁家之勝，堪稱絕代。不知道是皇帝覺得報答梁冀不夠，又或者是太后對梁冀的心仁慈到了巔峰，梁冀的地位繼續上升。朝廷甚至為此專門開了一次會，討論偉大的梁冀所受到的待遇問題。有人建議給予梁冀一種很特殊的禮遇：「入朝不趨，劍履上殿，謁贊不名，禮儀比蕭何」，事先說明一點，歷史上有這種待遇的人不少，但大部分都是靠自己的權勢威脅皇帝得來；這些人在日後，往往成為篡權的先鋒。為了讓梁冀滿意，皇帝賞賜了無數奴婢、車馬、衣服、甲第。梁冀甚至可以在朝會時，坐在席上聆聽大臣上奏……

梁冀的光芒照四方，權傾朝野這個詞根本就不配來形容他老人家。但梁冀得隴望蜀，覺得皇帝對自己還是太過禮薄，不開心。他也乾脆不顧朝廷的政局、不顧皇帝的臉色，只知道作威作福，將權力牢牢控制。封建時代最至高無上的官吏任免權，全部在梁冀手中了。凡是朝廷的官員，在上任前必須先到梁冀家謝恩。誰敢不去，就等著被罷官吧！當然，罷官的畢竟是少數，被找個罪名弄死的「大不敬梁冀」的官員，才是最主要的。

梁冀跋扈，自然有勇敢的人看不過去。比如那個郎中袁著，他就受不了梁冀的跋扈，勇敢地上書漢桓帝，請求皇帝讓梁冀交出大權。梁冀知道，也不多說，馬上找人去抓袁著。袁著雖然硬骨頭，但是梁冀卻是金剛石，無奈之下，袁著改了姓名，甚至還拖病偽死。但大家為了權勢，還是會討好梁冀的，於是袁著的行蹤還是暴露了。他被悄悄殺死，家人、朋友和學生，很多人都被株連。

梁冀挺疼愛兒子，想培養一個接班人，於是就指使走狗們上書漢桓帝，推薦兒子做河南尹。在此之前，梁胤（梁冀兒子）已經是襄邑侯。他此時不過十六歲，但是相貌比他老爹還可怕。相貌可怕不要緊，此人穿了衣服出去，人見了都目瞪口呆，以為閻羅下凡塵。梁冀繼續給自己的夫人弄高位，於是孫壽就成為襄城君，身分高貴的比得上公主。到了某年，梁家「前後七封侯，三皇后，六貴人，二大將軍，夫人、女食邑稱君者七人，尚公主三人，其餘卿、將、尹、校五十七人。在位二十餘年，窮極滿盛，威行內外，百僚側目，莫敢違命。天子恭己而不得有所親預」。

這就是天下第一世家了……

四．絕滅

漢桓帝儘管對梁冀非常友善，不停地用官位、爵位、錢財等等來攏絡梁冀，但是在內心裡，漢桓帝是極為忌憚梁冀的，因為梁冀可以廢立皇帝。對梁冀的懼怕，讓漢桓帝很多時候都很敏感，對他的很多做法，也都不是很能接受。

梁冀沒有讓皇帝失望，他做了很多很多讓皇帝寢食難安的事。他處死皇帝的心腹、想殺死皇帝的丈母娘、想完全架空逐漸長大的皇帝……雖然這個時候，梁冀未必想做皇帝，但是皇帝已經認定了大將軍的野心，衝突已經是不得不發了。

果然，在太監們的幫助下，漢桓帝開始了反擊。宦官們戰鬥在革命的第一線，拿下了梁冀的親信、保衛了梁冀的府第、取得了梁冀的大將軍印、罷免了梁冀的大將軍、逼死了梁冀和孫壽夫婦，並最後滅了梁氏一族。梁、孫兩氏的親戚朋友們都受到了株連，「無少長皆棄市」，另外一些曾經結交梁冀的官員，高如公卿、列校、刺史、二千石都死了幾十個。而那些普通的官吏，也紛紛被罷官，根據《後漢書》，「故吏賓客免黜者三百餘人」，「朝廷為空」。

而抄家的結果也讓人開心不已，「收冀財貨，縣官斥賣，合三十餘萬萬，以充王府，用減天下稅租之半。散其苑囿，以業窮民。」

五．簡評

龍不生龍，生條蛇也是好的，可是，梁商為什麼要生條蛆蟲出來呢？

第三節

騙才無雙——賈似道

賈似道七週年忌

蒙古子民們、漂亮的色目人們、漢人們、還有可惡的南人們：

今天，是賈似道先生的七週年祭。我們，長生天庇佑的蒙古人，大地上最高貴的種族，在這裡隆重集會，沉痛地悼念這位偉大的先生，這位為了個人享樂而無視國家利益，為我們蒙古人「進入」中原做出巨大貢獻的「英雄」。我，蒙古大漢、草原的天驕、最廣大土地的佔有者、蒙古黃金家族的領袖、孛兒只斤鐵木真的孫子，忽必烈，向賈似道先生致以最崇高的敬意和最誠摯的節日問候！

英雄的一生是不平凡的一生。南朝有一句話叫做三歲看老，實在是非常正確的。賈似道先生能有這種偉大的成就，並不是一蹴而就的。我們要回到英雄的童年，重溫他的心理歷程，然後才能恍然大悟他的卓爾不凡。

似道先生，生長在萬惡的南朝下層官僚家庭，自幼就看到了腐朽的南朝人的真實面目。他出生於江西萬安，父親賈涉在萬安做過縣丞類的小官。他在去萬安縣赴任前購買了一個小妾胡氏，後來就生下了賈似道。似道先生雖然生長在官宦之家，但是他的母親由於地位卑賤，很快就被父親遺棄，似道只能跟著父親生活。而他十歲的時候，父親就去世了，家道自此中落，從此無人再能管教似道。就在這種極端艱難困苦的環境中，似道沒有放棄自己的生命，他頑強地開始自己養活自己。

一個孩子啊，會什麼呢？當然什麼都不會。但是似道天資聰穎，他在社會上遊蕩的時候很快學會了吃喝嫖賭抽、坑矇拐騙偷。掌握了這些謀生技能的他，雖然被那些史官們誣衊為「少落魄，為遊博，不事操行」，但是這又豈是一般人能做得到的呢？

南人對待士大夫和官員很優厚，有所謂的

賈似道

「恩蔭」，即如果一個人曾經做過官員，那麼他的後代就可以因此而獲得做官的機會。似道於是也有了個管理倉庫的小官位。有了正經工作的似道，沒有放棄自己的愛好，他仍然每天專心致志於偉大的賭博工作，並在鬥蛐蛐的賭博中累積了豐富的經驗，為以後成為鬥蛐蛐屆的宗師級人物打下了堅實的基礎。

也許是因為鬥蛐蛐感動了長生天，似道很快就發達了。他的姊姊，雖然是異母的，進入了皇宮，成為皇帝最寵信的貴妃。她一直惦記著自己的小弟弟，於是整天向宋朝皇帝吹耳邊風。宋朝那個英明的皇帝，受到了這個女人的蠱惑，把似道升了官。女人是禍水啊，我蒙古勇士們，一定要牢記！但是，話說回來，沒有賈妃的耳邊風，我們還要很多年才能進入中原呢，啊哈哈哈……（忽必烈狂笑中）

閒話少說，繼續祭拜賈似道先生……不許笑，也不許睡覺！嚴肅點，我們正開會呢！

生活有了保障的賈似道先生，從此能夠安心地從事自己的職業了。由於他對社會比較瞭解，因此能夠在官場中混得開。他整天裡玩樂為重，並不把工作放在心中。他這種粗放式的管理模式，顯然讓手下得到了極多的自由空間，於是手下都十分喜歡似道，認為這個人不會給他們交代更多的任務，也不會帶給他們因貪污受賄而抱有的壓力，似道先生簡直就是官員們的貼心人啊……

由於賈妃的耳邊風水準極高，似道先生的官越做越大了，很快他就做過了「籍田令」、「太常丞」、「軍器監」、「大宗正丞」等職務，在官場中也打下了很深的人脈，保證了他以後能夠取得更高的地位。

這裡必須指出的一點是，南人們的官比較好做，只要你有漂亮的妹妹和無數的金錢，就可以買通上位者，進而讓自己也變成上位者。雖然我們鄙棄這種做法，因為這個嚴重違反了大草原上強者為尊的準則，但是我們也必須承認，金錢和美女，是我們蒙古人走遍天下的最大動力。我們蒙古人，走遍天下都不怕，我們只怕沒有大塊肉和大把女人。你們要記住我們的祖先鐵木真的話：「人類最大的幸福在勝利之中：征服你的敵人，追逐他們，奪取他們的財產，使他們的愛人流淚，騎他們的馬，擁抱他們的妻子和女兒。」

因為白天嫖娼、夜裡泛舟湖上遊玩賭博又繼續嫖妓，似道先生很快出名。即使是身在深宮大內的南朝皇帝，也都知道了他的這個嗜好，於是夜裡登上宮殿頂部遠眺，看到西湖上閃爍的燈火時，他都會很肯定地說這是似道先生在胡來。

這是怎麼樣的一種精神啊！即使是皇帝知道了自己的醜事，仍然能夠毫不在意地繼續做自己的醜事。這種心理素質，不愧是玩蛐蛐出身的。當然，玩蛐蛐他不一定比我強，比如我的鐵頭大王……（有太監提示忽必烈，說他離題了。忽必烈恍然大悟，開始繼續朗讀祭文）

似道先生的官做的是越來越大了，這並不能完全歸功於她姊姊，要知道，似道先生是個堂堂的男人啊！怎麼可能永遠靠一個女人呢？再說，女子在漂亮的時候能夠吸引男人，可是一旦老去，男人就完全沒興趣了。南朝的皇帝的老婆比我還多，賈妃是不會永遠受到那麼久的寵幸的。喂，說你呢！把我的話記下來，去查查南朝皇帝有幾個老婆，然後去給我挑女人，一定要比南朝皇帝老婆多個幾倍。如果你找不到，提著腦袋來見我。

似道先生明明是靠自己的能力，才獲得了南朝皇帝的寵信。當然，他能力比較特殊。他的馬屁功夫一流，又能夠體會皇帝的心意，同時還能在所有場合都歌功頌德，時不時還能進貢一些讓皇帝開心的小玩意……所以他的成功，絕不是偶然的。你看那些南朝的笨蛋書生，居然想著憑藉胸中所學來獲得皇帝的尊重，這些人真是笨到姥姥家了！我們蒙古人可不能這麼傻，以後凡是讀書的，在我們蒙古人的地方，都是最下層。三教九流？讀書的、教書的都是最下層！不好好教訓他們，會壞我江山的。

似道堪稱南朝的「棟梁」，不久之後，他就到了外地，成為封疆大吏。在封疆大吏的位置上，他進貢了好多讓皇帝心動不已的小玩意，皇帝對這個體貼人意的可人兒，喜歡得不得了。還沒等他的地方上歷練夠，就把似道先生調回了京城，把國家最重要的位置給了他。就這樣，似道先生先後擔任過澧州知府、兩淮制置大使、參知政事、知樞密院事、兩淮安撫大使。萬千寵幸在一身，似道先生發達了。

在這裡，我們要聲討一下南朝的混蛋皇帝。整個中原，好像就是他的家一樣，只要他喜歡的，都想要；他寵信的人，都能做高官，至於那個人是否有本領，一點參考價值都沒有。我要超過他，不但整個中原是我家，連蒙古、西域、朝鮮、安南，也都是我的。我要比那個皇帝強！

下面，我們蒙古人出場了。眾所周知，當我們滅亡金國後，宋人就背信棄義的攻打我們，我們不得不奮起反抗，抵禦宋人的侵略。他們不會打仗，只知道像個縮頭烏龜一樣佔著城池死守。他們還崇敬烏龜，認為那是長壽的東西。哼，一

個縮頭烏龜的長壽東西，蒙古人不希罕。以後，蒙古人必須都把烏龜看成是最低賤的動物，讓那些南人也改變改變他們老祖宗對烏龜的崇拜。

我們的騎兵是無敵的，我們攻下了無數城池，但我們不用防守，直接洗劫一空然後放棄就行了。他們宋人會去恢復城市的，我們只需要下次再來。大家記住，最大的牧場不是草原，是南人的城市，那裡才是所有財富的聚集地，才是生生不息、最容易發財的地方，是所有珍貴財物堆積的地方，所以最高貴的蒙古人，才會進入這些地區，把本該屬於我們的東西拿走。那些低賤的漢人和南人出產的東西被我們拿走，是他們的榮幸。至於他們的性命，我們順便也替他們超渡了，避免了他們受苦。

但是這些南人實在沒用，所以我們蒙古人才要進入中原，成為這片最富饒土地的主人。我們要佔領南朝，也是靠另外一些名氣不是很大的南朝英雄的，比如劉整，他提出了一個漂亮的計畫：欲先征服世界，必先征服中國；欲先征服中國，必先征服襄陽；欲先征服襄陽，必須圍攻襄陽。所以，我們蒙古人接受了他的善意，開始正式併吞中原的進攻。

我們用了四十年才成功滅絕了宋朝，這是我們蒙古征服世界花的時間最長的一次。無數的蒙古勇士倒在了襄陽，我們的大汗也死在了釣魚城城牆之下。他死前最後一句話，就是：「攻城、攻城、攻城！」

一開始的進攻總是很不順利，南人把守的襄陽極為堅固，我們難以攻克這裡。只要這裡不被攻克，我們的南進就有顧忌。但是，等到似道先生成為了首相，我們蒙古的機會就來了。可以毫不誇張地說，整個宋朝上吊前的最後一塊墊腳石，就是被賈似道先生抽掉的。唯一令所有人驚奇的是，他沒有眼睜睜地看著宋朝掉進深淵，他是睜著眼的。

當時，我要攻打鄂州，賈似道已經是右丞相兼樞密使的身分，他接受皇帝的命令屯兵漢陽，準備時刻增援鄂州。似道先生愛好和平，哪裡有戰爭，他就不願意去哪裡。每當看到我們蒙古人的騎兵和刀箭，他就閉上眼，喃喃地為戰死的人們祝福。當然也有人說他是怕死，這個沒什麼奇怪，只要是人誰不怕死呢？再說了，說似道先生看到蒙古人的騎兵就逃跑的人絕對是污蔑似道，我向長生天保證，做為南朝最大的軍事長官，他根本就沒見到過蒙古人的騎兵。我們出現的地方，絕對沒有他的身影，周圍三千里，也沒有他的身影。

為了和平，似道「不願意」與我們交戰，他很爽快地暗地裡遣人向我求和。

說來慚愧，我開始還不同意罷兵，我與這位愛好和平的似道先生差遠了。但是不久後我就知道了蒙哥汗被打死的消息，蒙古軍隊也人心浮動不思戰鬥。我這人也有點想法，想回蒙古去做大汗。再加上似道仗義，沒有趁機攻擊我，反而再次派人來求和。雖然給他幾個膽子他也不敢跟我打，但是他的誠意打動了我。我同意了賈似道的要求，他開的條件也很優厚：北兵若旋師，願割江為界，且歲奉銀、絹各二十萬。我打道回去了，開始跟弟弟阿里不哥爭奪皇位。於是，在賈似道的努力下，南朝苟延殘喘了幾年。

賈似道先生是天才，他很會為自己著想。因為怕死，他沒有派人追擊我，讓我安然地回去了。他還向皇帝表功：「諸路大捷，鄂圍始解，江漢肅清，宗社危而復安，實萬世無疆之休！」這人厚道，所以不單我喜歡他，皇帝也信任他，於是那個笨蛋理宗真以為似道是宋朝的大救星，幾次下詔褒獎了他。似道先生頂著少傅、右丞相的頭銜回朝被升為少師，理宗居然還親切地稱他為國之柱臣。

果然是柱臣，不過應該是我們蒙古的柱臣，派去南朝的臥底。

可惜我沒看透似道啊！等我派人去找朝廷要「割江為界，且歲奉銀、絹各二十萬」的時候，他居然把我的使者扣押在別的地方不讓進京。從表面上來說，似道不厚道。但是仔細想，他真是一個好人，他教會了我不能信任南人，並且永遠不要接受議和，只接受投降！

另外，我很疑惑於似道的做法，他似乎沒考慮到我會再次興兵來打他。他也不做戰爭準備，也不來找我投降，只是花天酒地。我知道有這麼一種動物，在遇到危險的時候會把頭埋起來，屁股露在外面，所以從此之後，我只叫似道「鴕鳥」。

鴕鳥沒有讓我失望，他繼續把宋朝弄得一團糟。因為他的「戰功」實在很多，所以他有了充足的清理朝廷的資本。他每天都在排斥異己，殘害抗戰將領。吳潛、曹世雄、王堅等都是死硬的抗戰派，都被鴕鳥想辦法弄死了。鴕鳥還放出話來，誰敢抗戰，他就革誰的命。於是宋兵後勤也沒有、士兵也不想打仗、將領全都是狗屁……只有鴕鳥的羽翼繼續豐滿，成為朝廷中的第一人。

鴕鳥雖然自己整天不做好事，但是人家畢竟是鴕鳥，挺愛惜羽毛和名聲。他為了防止自己的生命受損，並且也防止皇帝知道自己的好事，於是找了幾個文人來為自己歌功頌德，至於民間對他不利的言論，更嚴加治罪。有人向皇帝上書提建議出主意，認為賈似道專權、誤國、害民，鴕鳥立刻把上書人下了大獄，還在

他們的臉上刺字，送到各地區展覽，警示那些說自己壞話的人。這種做法，真是人才啊！歷史上誰都知道防民之口的下場，可是似道就是要去試試。這種勇於探索的精神值得稱道，我們蒙古人記住了，對待漢人和南人，我們也要這麼做。

鮀鳥雖然不懂經濟政治文化，但是並不妨礙他成為傑出的政治家，比如他曾經提出過偉大的經濟計畫，來彌補巨大的政府赤字。他宣布：私人佔田不能超過限額，否則多出部分由官府購買做為公田出租，租公田的人只要向政府上交租米，租米充當軍糧，滿足戰爭需要。聽起來不錯，可是實行起來就不是那麼一回事。大戶人家隱瞞自己的土地，政府惹不起他們，只好找土地少的人開刀，他們用低價買山、租價則極高，這樣就能為自己的中飽私囊提供最完美的藉口……

用句粗俗的話來說，政府上廁所，但是屁股卻要讓天下的窮人來擦！窮人們連飯都沒得吃，哪來的草紙？所有的財富，都轉移到鮀鳥和手下的手中，民怨沸騰。

但是理宗不管，因為人生樂趣很多，天下大事太煩心。理宗死後，小皇帝宋度宗被鮀鳥立為皇帝。於是南朝的所有政事，都由這個有擁立皇帝之功的鮀鳥擔任。

既然丫，那就要表現出來。鮀鳥上朝，皇帝要起身答謝；群臣要一齊高呼

「周公來了」。為了顯示鮀鳥的不可或缺，鮀鳥背地裡指使手下謊報軍情，說蒙古人兵臨城下。皇帝與大臣們大驚失色，請假意辭官的鮀鳥出面挽救國家。鮀鳥不耐煩地答應了請求，談笑間，檣櫓灰飛煙滅。為什麼說是檣櫓呢？因為我們蒙古人沒來，自然不會是檣櫓灰飛煙滅。只能是鮀鳥讓人放火燒燒船，把以後可能被蒙古人利用的渡河工具毀掉。這樣也避免了鮀鳥被派到北方去掃蕩胡虜。

鮀鳥可以不用天天上朝了，他開始在西湖處理公務。他命人把奏章拿到家裡，讓手下胡亂處理一下再還回去。至於其他人，根本就不可能做任何事。

南朝完了。

我已經忍受了很久，可恨的臭蟲阿里不哥已經被撚死，我要對付宋朝了。進攻很順利，很快整個襄陽就岌岌可危。但是奉命救援的鮀鳥的手下，為了爭功而不思進取，反而掣肘友軍。那個范文虎，和鮀鳥是一路貨色，整天學著鮀鳥泛舟湖上，玩女人、賭博、看歌舞，所以我叫他小鮀鳥。小鮀鳥比鮀鳥還善良，每每都不幫自己人，反而不停地幫助蒙古人，每遇到戰爭他就跑，把所有的友軍都放給我們蒙古人來殲滅。這些戰爭很讓人開心，不久，我們就攻陷了襄陽。

雖然襄陽人抵抗了我們蒙古很多年，但是我仍然很佩服這裡的人，是漢子啊！在鮀鳥的手下還能夠抵抗到這種程度，簡直太難了。不過現在也好，投降吧！天快要亮了。

鮀鳥開始吹牛了，他告訴皇帝他曾經要求上前線指揮作戰，結果皇帝沒讓他去，所以才弄成現在不可收拾的樣子。當然他的確是請求過去前線，不過他的手下自然懂得老大的意思，用一千個理由留下了鮀鳥。

凡成大事者，不拘小節。鮀鳥是個幹大事的料。你看，宋朝這麼大，都被他弄沒了，人才啊！

戰爭在繼續，但是鮀鳥卻不關心這些。他關心的是自己的享受。他每天賭博、玩女人、吹牛、賭博、玩女人、打擊正直大臣、玩女人、賭博。當然他也寫書，那本由自己的親身體驗得來的《促織經》，講的就是怎麼鬥蟋蟀。在戰爭最吃緊的時刻，他的手下都有點害怕了，去找他處理國事，他推說自己有大事。結果親信大膽看了一下，他還在鬥蟋蟀。

如果鮀鳥是天才也罷了，他能夠把鬥蟋蟀之道用到戰爭中還可說。不過，鮀鳥只會逃跑。我喜歡這樣的對手，因為有他在，前方就是一片坦途。條條大路通臨安，不假。

前線戰爭吃緊，當時是南朝方面的。我們蒙古人，高歌猛進中。可憐的度宗死了，估計是嚇死的。但是皇帝多的是，街上隨便拉來一個都行，反正大權都在鮀鳥手中，哪個人做皇帝都一樣，換皮不換骨，有鮀鳥在，我放心。

可笑的大臣們還在上書，但是得到的結局只是被鮀鳥處死、被罷官，或者被流放……這些人很可敬可憐可笑，為了心中的理想，飛蛾撲火一般。難道他們真的不知道，宋朝已經從底子裡爛透了嗎？

憑什麼一個腐朽透頂的國家，還能在競爭如此激烈的「現代」生存？所謂的和平共處，在這個亂世，是胡言亂語，只有最強大的武力，才能保證自己不被別人消滅，才能保證自己的文明，留下種子。

只是，南朝人沒機會了。他們的人，將成為蒙古人世世代代的奴隸、他們的土地將變成蒙古人世世代代的牧場、他們的孩子將世世代代背著賤人的名字、他們的文化將被我們蒙古人的強勢所消滅、他們的民族自尊心將永遠被蒙古人踏在腳底下！

駝鳥啊，你真是執著。你就是不跟我交戰。你就是退、退、退。天下雖大，你能退到哪裡去？

伯顏告訴我，臨安就在眼前。

打下了臨安，漢人就完了。這個號稱從沒有被胡人統治全境的國家，畢竟也要拜倒在我的腳下，成為蒙古人是最偉大民族的註腳。

駝鳥還想議和，只是，可能嗎？等到我成為天下的主人，議和是什麼？我要的是南朝的花花江山。

駝鳥兵敗，一瀉千里。

可憐的他，再也不能欺騙別人了。南朝朝廷終於要治他的罪了。雖然天下人都恨不得立刻吃掉駝鳥，但是駝鳥在傳說的幾件功勞還是讓他暫時保全了性命。他只是被降職。

護送他回家的大臣叫鄭虎臣，與駝鳥有國恨家仇。他數次為難駝鳥，甚至還想讓駝鳥自殺。但是熱愛生命的駝鳥拒絕了這種對生命的不尊重。在鄭虎臣勸他投水自殺的時候，巧妙地用「太后許我不死」的話語來搪塞。

鄭虎臣無語。

但是鄭虎臣還是忍不住下了毒手。我們可憐的功臣，偉大的國際主義戰士，就這麼死在了廁所裡。一個極為污垢難言的，但是極為符合鴕鳥地位的地方。

凡人世間，為人誤會者苦；最可悲者，為天下人誤會。賈似道，堪稱為天下人誤會、痛恨、唾罵的第一人。想我大元擁有天下，似道之功豈能輕忽？天下人不知之，朕知之；天下人怒之，朕喜之；天下人罵之，朕讚之。

凡我大元國民，當分四等，南人最低賤。似道為南人所恨，可謂貧賤中之異類。今朕至此，當賜之以妙號，為天下人榜樣。

似道先生這樣的人物還是太少，不然我蒙古也不用這麼多年才能佔領南朝。大家為我們蒙古進攻南朝犧牲的勇士們默哀幾分鐘吧……

好了，時間到。

但是，似道先生的精神是不死的。一個似道先生倒下去，無數個似道先生站起來。大家不要擔心自己的名聲問題，岳飛是什麼樣的人物我們都知道，他都不是民族英雄了，你說我們有必要成為他那樣冤死的人嗎？人，固然要尊重國家，可是國家也得尊重人不是。我還預感到，在不久的將來，秦檜一定會成為民族英雄，因為他是促進民族和平交流和維護民族團結的標誌性人物，他也一定會被寫

入小學生教育手冊，受到千千萬萬中國的敬仰！

另外，我檢討，為自己沒能「進入」日本而檢討。由於我沒能「進入」日本，結果幾百年後他們「進入」了中國。仔細想一下，如果我真的排除萬難佔領了日本，日後我不但是蒙古民族的英雄，還是漢人的英雄，甚至還是日本人的英雄啊！至於那個勇於反對我的日本人北條時宗，也一定會被日本扔入歷史的垃圾堆，成為他們民族拒絕民族間交流的敗類……

似道先生還是太少了，在我們這個時代是這樣。不過，好像在某個岳飛不是民族英雄的時代，有不少吧？我老懷大慰啊！

讓我們共同舉杯，為似道先生七週年忌日共浮一大白，順便紀念蒙古人佔領中原。記住，大元是我們蒙古人的，不是漢人的。

最後說一句：誰敢學鴕鳥，我要誰的腦袋。此人可觀、可笑、可稱讚，唯獨不可學。

大元皇帝　忽必烈

第三章

陰陽不調

——宦官們的功勞簿

第一節 改寫歷史的一大人物——趙高

在歷史上，絕大部分有權勢的太監都不是好人。剩下的，是更壞的。

——題記

一・指頭

「我們小人物，是沒辦法改變歷史的。」少年很不服氣地說。

「沒辦法？你看到那塊石頭沒有？」老人指著路上的一塊小石頭問這個少年。

「看到了。難道這塊石頭有辦法改變歷史？」少年頗不以為然。

「這塊石頭，是一個頑童扔在路上的，他本來只想鬧著玩。」老人的語氣很無奈，「但是在很多年前，同樣的一個小童把石頭扔在了街上。一個騎兵飛馬路過，馬蹄踩在了石頭上。馬倒了，馬腿斷了，騎兵再也無法行進。這個騎兵，是傳令兵，他本來要把一份發兵的命令傳到某支軍隊的。由於他沒有即時趕到，這支軍隊沒有即時出兵。這支軍隊的缺失，讓整個龐大的計畫出了極大的漏洞：敵方從這支軍隊應該按計畫防守的地方突破，攻進了本不會失守的要塞。這支敵兵，一路直上就再也不受阻礙。很快地，他們就兵臨京城之下。趁著京城防務不緊的機會，他們佔領了京城，俘虜了皇帝。皇帝被俘虜，國家大亂，很多的王室子弟站出來爭奪皇位。內耗，更讓外族有了機會。他們從遙遠的北疆進入了中原，國家滅亡，自此陷入了百年的動亂。百姓，生不如死。」

「那又怎麼樣？」少年臉色蒼白。

「歷史的車輪不會被阻止。但是在某個時候，哪怕是一個最無能的小童，用指頭輕輕地一推，所有的一切就都會改變。」

「……」少年無語。

趙高

「如果那根指頭的主人不是小童，又會如何呢？」

霸王自刎烏江，天下歸了劉邦。赫赫強秦湮滅，空留餘灰阿房。

劉邦在打敗項羽之後，建立了西漢王朝。他也成了第一個平民變成的皇帝，在歷史上畫下了濃墨重彩的一筆。但是劉邦何德何能，居然可以由一個小流氓變成大地上最尊崇的人？真的是他滅亡了秦朝？

又或者是不可一世、威風絕世的霸王項羽毀滅了強秦？

又或者這是陳勝吳廣的功勞？

在秦朝末年，智勇正邪詭計陰謀紛出如雨的那個時代，歷史的車輪到底是被哪根手指輕輕地撥動的呢？

二・始皇階下能臣

趙高身分低賤，絕無僅有。

他是趙國人，秦兵鐵騎下的亡國奴。他的父親是趙國王室的旁支，本來在趙國的身分也不高，在亡國奴的隊伍裡，趙父屬於底層。在眾多的底層人物中，趙父因為犯罪，被判處宮刑—刑餘之人，非人也。趙高有母親，被貶為奴婢，沒有任何的人身自由。趙母不知道與哪些人野合，生了趙高等子女。因為身分低賤，趙高和兄弟們在很小的時候就被閹割，送入內宮充當雜役。

如果用直觀的印象來分類，皇帝是天，百官是空氣，百姓是泥土，奴婢是糞污，而趙高則是糞污之下九千里深的地獄裡的一條爬蟲—他連人都不算。假使他活在古代西藏，他的身價也就等於一股狗屁。

雖然受了宮刑，趙高的身體並不孱弱，智力也不低下。相較於宮中那些缺乏男性氣概的、身體瘦弱的、形象萎縮的太監，趙高簡直就是大衛！很多人都知道了這個儀表堂堂的太監，根據秦始皇的簡單的詔書透露：趙高身軀偉岸、臂力過人，他還十分聰明，會說話，見風使舵的本領也爐火純青。在左右逢源之下，人人都誇獎他。

秦始皇歷來以殘暴出名，但是始皇帝陛下畢竟不是一個喜歡佞臣的皇帝，他做事追求實際，有真才實學並能幫助自己統一和治理天下的人才，是他最欣賞的。在那個七國混亂、名士遊走的年代，他引進了六國的人才為秦國所用，為秦國最終一統天下儲備了相當數量的人才。比如李斯、尉繚、鄭國等等，雖然都不是秦國人，但因為自身在各方面的能力，還是獲得了始皇帝的信任，成為秦王朝各方面的助力，為秦朝的統一大業貢獻了力量。

趙高能被秦始皇重視，靠的就是自己的真才實學。為了能被人重視，趙高刻苦鑽研秦律，成為了一個非常好的「法學專家」。在崇尚以法治國的秦國，趙高的做法無疑是極為正確的。他很快因為自己的才學以及伶牙俐齒，獲得了秦始皇的重視。秦始皇在幾次考察之後，認為趙高水準相當高，並且對秦朝皇室又非常的忠心。於是始皇帝以「高強力，通於獄法」的名義，把趙高提升為中車府令。在太監地位最低且不被任何正常人看得起的秦朝，趙高能夠憑著太監的身分成為正式官員，趙高的才學，當真非常了得。

因為趙高在困境中自學成材，秦始皇就刻意地把趙高立成了官員的楷模。在秦始皇決定用小篆來統一全國文字的時候，趙高與李斯、太史令胡毋敬站在了一起，他親手寫作了《爰歷篇》。與李斯的《倉頡篇》和胡毋敬的《博學篇》一同做為小篆範文頒行天下。趙高，一個卑微到極點的太監，居然有如此尊崇，可見秦始皇到底有多麼看重他了。

趙高沒有鬆懈下來，躺在功勞簿上睡大覺。他關心朝政，盡可能地向皇帝提出處理朝政的小計策。計策被用，趙高不驕；計策被黜，趙高不餒。他仍然在皇帝前表現得恭恭敬敬、循規蹈矩。於是，這麼一個既能幹又會拍馬屁、還知道自己身分的奴才，成為皇帝最欣賞的官員也就不奇怪了。

自從扶蘇因為勸諫皇帝而被送到北方修長城後，秦始皇最喜歡的孩子就是胡亥了，這個孩子可是自己最寵愛的夫人生下的。皇帝決定找一個機靈的、忠心的、能幹的人來教導兒子。在那個「以吏為師」的年代，趙高簡直是為胡亥量身訂做的小棉襖，於是他居然擔任了胡亥的老師。胡亥是誰？重申一下：他是秦始皇的二兒子，有可能成為未來大秦皇帝的人物。趙高對這個名義上的弟子，自然是要刻意奉承，討他歡心了。

胡亥生長在秦朝的深宮禁地，對人情世故是一竅不通，他同時也是一個缺乏主見的人物。他每天最喜歡的事，除了聲、色、犬、馬，便是吃、喝、玩、樂。對付這種人，趙高至少有五百種方法。他為這個花花公子提供遊樂方便，向他推薦國中有名的美女，告訴他種種新奇有趣的放縱工具。胡亥立刻把趙高看做了貼

心人，簡直就是百依百順。而秦始皇本來想讓胡亥隨趙高學習的書法、文字和獄律。早就被兩人拋到了一千光年以外。

趙高的努力沒白費，等到始皇帝駕崩，他就能順順利利地利用胡亥了。

三・二世背後巨凶

胡亥能當皇帝，趙高厥功至偉。

始皇帝在死的時候，屬意扶蘇，那個被趕到北方荒涼之地的大兒子。但是趙高為了扶胡亥上位，採取了一系列手段。其中最重要的就是威逼利誘李斯做自己的幫凶。身為秦始皇最信任的人，李斯直接掌握了始皇帝傳位扶蘇的詔令。但是趙高成功地用扶蘇繼位後會對付李斯的恐嚇手法，讓李斯違背了始皇帝的意願，篡改了詔書、逼死了扶蘇、擁立了胡亥。

在胡亥來說，自己做了皇帝，無非是能為所欲為，至於更深遠的東西，他是不願意也不能想出來的。他每天的工作就是把朝政扔給趙高和李斯，自己去快樂。趙高當然不會勸諫，李斯也不會，因為他們都沉迷於享受皇帝權力的快感之中了。

趙高提出了一個偉大的計畫：凡是皇室的子孫，都想當皇帝；凡是想當皇帝的，我們都要殺掉。胡亥聽到這個計畫，很快為自己的皇位擔心了，於是舉起了雙手雙腳贊成趙高的計畫，準備清洗整個大秦皇室。李斯自然不敢反對：一來殺的不是自己，二來他不敢忤逆皇帝的意願。至於李斯的這種做法是否正確，請參見德國馬丁神父的話：「起初他們（納粹）追殺共產主義者，我不是共產主義者，我不說話；接著他們追殺猶太人，我不是猶太人，我不說話；後來他們追殺工會成員，我不是工會成員，我不說話；此後他們追殺天主教徒，我不是天主教徒，我不說話；最後他們奔我而來，再也沒有人站起來為我說話了。」

很快地，胡亥的兄弟們都相繼因為一些莫須有的罪名被處死了，他們的妻兒老小、門客好友被株連者不計其數，大秦陷入了一片腥風血雨中。

秦始皇可能有三十三名子女，胡亥做了皇帝之後，其餘三十二人全部橫死。胡亥當皇帝前，皇長子扶蘇首先被篡改的遺詔賜死；胡亥當了皇帝後，先殺六個兄弟，然後又在咸陽城中殺死了十二個兄弟；有名字可查的兩個公子中，公子高

恐怕自己逃跑會連累家屬被族誅，無奈上書胡亥，自請為始皇帝殉葬，胡亥很大方地批准了這個大大孝順的兄弟。公子將閭則被迫自殺。

如果說兄弟們會搶奪自己的皇位，殺之不為國，那麼，胡亥對其姐妹的殘殺就是毫無來由了。也不知道是什麼罪名，大概也是雞毛蒜皮的小罪，又或者根本是莫須有，十名嬌滴滴的公主被殺，而且被判處的是磔刑，就是那種被肢解身軀的酷刑。

很難想像此時的胡亥是什麼心情，即使他是最沒有人性的人，估計也要對此難過那麼一下。如果再考慮到這其中的一些問題，如胡亥一向是沒什麼膽色的人，我們可以明白，他受到了巨大的教唆。教唆他的人一定與這些人有很大的仇恨，所以才盼望所有這些王室子弟都去死，而且都要死得很慘。那些高貴的人頭一定要一個個滾落，公主們嬌嫩的身軀一定要被剁成一塊一塊，那殷紅的、黏稠的鮮血也一定要遍地流淌，渲染著大秦最慘痛的一刻。

這是做給始皇帝看的，因為九泉之下的他看到這個，一定會目眥盡裂，心痛如絞。始皇帝啊，你終於也嚐到這種滋味了吧！你終於知道什麼是絕後的滋味了吧！當然，你還有一個兒子，我會好好招待他的。

趙高做了這一切。生理上受到秦國人摧殘的缺陷、心理上受到秦國人欺壓的積怨、對身世經歷的自憐自傷、最底層人物對最高層人物天生的嫉妒、造就了這麼一個偉大的、無恥的復仇。

說這次復仇偉大，因為他毀滅了暴秦；說無恥，是因為天下人都是這次復仇的祭品。你看那男男女女、老老少少、販夫走卒、高官顯貴、秦楚燕韓、善惡忠奸，都被趙高一個人攞上了祭壇。趙高或許為了私利，又或許為了公義，在戰爭的柴堆上，用自己的手，點上了火。

祭祀還在繼續。

為秦王朝創立不朽功勳的大臣，都是幫凶。就是他們，讓自己變成了現在這個樣子。趙高的眼睛血紅，他不會放棄這些人。所以他設下了圈套，激化了始皇帝時代就已經略顯緊張的君臣對抗情緒，然後他在胡亥的面前加了兩把火。李斯、馮去疾和馮劫，這幾個朝廷的重臣，不久就被胡亥下令逮捕。現在，大家都知道自己會有什麼下場了，馮去疾和馮劫為了少受痛苦而自殺。只有那個夢想著活命的李斯在獄中上書，乞求胡亥能看在自己擁立有功的情面上，留自己一條活路。但是他的奏章被趙高扣留了，甚至還把他的宗族賓客都抓了起來。李斯在受

到嚴刑拷打後，終於因「不勝痛，自誣服」。既然承認謀反了，趙高也就不怎麼動手了，把結果上報胡亥。秦二世二年，李斯被「論腰斬咸陽市」、「而夷三族」。

李斯既死，趙高大權在手，胡亥對他言聽計從，認為趙高是上天賜給他的珍寶。但是趙高可不這麼想，胡亥因自己而立，自然也要因自己而死，所謂有始有終才像話。那個二世看來「以忠得進，以信為守，朕實賢之」的趙高，那個受到的信賴更甚於始皇時期的趙高，那個他往日無比尊重和信任的趙高，居然就是逼自己自殺的惡鬼。

胡亥，成也趙高、敗也趙高。

胡亥既死，但是秦朝還在。趙高還沒有完全發洩自己的仇恨。他要做更多的事，目的只有一個：毀滅秦朝。他準備擁立另一個小皇帝—子嬰。但是他在明知天下大亂的情況下，沒有做出多少的救火工作，只是在那裡遮掩。他要看到的，是整個秦朝身上各處都在冒血，血一定要流到全身，一定要流到無法治療！

但是他還是小看了子嬰和一千忠心秦室的大臣。趙高在起義軍進入關中後，一直忙著聯絡他們，想對秦朝宗室再來一次大屠殺，爭取做到寸草不留。在子嬰正式即位的那天，子嬰稱病，趙高進宮去催促，迎來的是大刀長矛。

趙高死了。

幾個月之後，子嬰投降劉邦。再幾個月後，項羽殺死了子嬰，盡屠秦朝宗室。

強秦，至此完結。

一個帶甲百萬、軍隊思戰、無比強盛的軍事大帝國，只在華夏存活了十幾年。

四·趙高的心理歷程

秦朝之後的數百年，人們都把秦朝滅亡的原因都歸結到趙高身上，天下人罵之、唾棄之。趙高在人們心中的形象，也就成了最卑鄙、最無恥的典型。但是大家都應該知道另一點：堡壘往往從內部被攻破，正是有了趙高在秦朝中央的努力，才讓農民大起義有了成功的可能。如果沒有趙高，恐怕陳勝、吳廣、項羽、劉邦都不夠，至少還需要王勝、徐廣、韓邦、徐羽才行。

當然，也如趙高並不是為了天下人著想才反秦，他或許只是為了發洩自己心

中的憤怒，發洩自己明珠暗投的悲傷。

從皇帝的觀點看，趙高是禍國殃民的亡國奸臣，是大逆不道的亂臣賊子，是玩弄陰謀架空皇帝的野心家。由天下的角度看，趙高也是一個給人民帶來了無數痛苦的人，使整個國家陷入無邊戰火的始作俑者，值得所有人食肉寢皮。

但畢竟要知道，還是趙高一手毀滅了秦朝。他對秦朝統治秩序的破壞，是超過任何一個起義領袖的，他絕對是秦朝滅亡的第一功臣。

他帶給整個秦朝最大的屈辱還有一點：秦朝是一個崇尚法治的國家，刑法極為嚴酷。趙高偏偏卻能依靠自己的聰明，依靠自己對法的深刻瞭解，由一個底層的太監邁向秦王朝的權力中心。而他的一切所作所為，都是用秦朝人最欣賞的法來亂法、滅法。

一個小太監，完成了千古奇功，或許這是他不能為人們接受的身分原因，在我們的心中，絕大部分有權勢的太監都不是好人，剩下的，是更壞的。

> 很多時候，事改變了人；但人，也能改變事。——趙高

第二節 後唐權宦——魚朝恩

一・太監

說太監們的壞話，總是很簡單。因為在歷史上，太監這個職位是非常奇妙的。

說這個職位奇妙，是因為幾個最明顯不過的特徵。第一個，是太監們出名的廣泛性，從齊國的豎刁到晉國的寺人披、從秦國的趙高到漢朝的十常侍、從三國的黃皓到唐朝的李輔國，從宋朝的童貫到明朝的魏忠賢、再到清朝的小德張李蓮英，每個較長的朝代中，太監都留下了自己的印記，他們的生命力之頑強，超出了所有職業，所謂的皇帝、太后、外戚、三公、宰相、將軍等等，根本就不能與之相提並論。所謂的小強，差不多就是太監們的貼身稱呼：永遠不死、永遠年

魚朝恩

輕、永遠在禍害著中國。

第二個，就是太監們名聲的統一性。凡是出名的太監，基本上都是反面角色。即使有那麼鳳毛麟角的幾個優秀的太監，也只不過是出名太監中的另類。如果他們能留下隻言片語，估計也大都是以「不能流芳百世，也要遺臭萬年」之類的豪言壯語來為自己蓋棺。

第三個，則是太監們的權力慾是所有職業中最強烈的。因為身體上的殘缺，他們對一般正常人最享受的家庭和女色是無法快意的，所以也只好用別的手段來滿足自己的慾望。於是，權勢和金錢就成了最大的追求。而做為金錢來源的權勢，更是所有追求的首要目標。

第四個特徵就更簡單了，由於太監們都沒文化，所以大部分太監的行為都非常非常的沒有技術含量。文雅一點來說：他們太不懂掩飾自己的慾望，所以成為最赤裸裸、最低俗的權勢掌握者。

如果要為太監們翻案，那也只能用一些心理學的觀點來推託他們的責任：他們因為自己受到的虐待，所以心理變態，所以才做出了很多壞事；他們也是受害者。

受害並不意味著可以把自己的痛苦轉嫁給天下人。

讓我們重溫那句話吧：

在歷史上，絕大部分有權勢的太監都不是好人。剩下的，是更壞的。

二・太監的發跡

天寶末年，他開始在史書中出現。他是一個很「陰黠」的人，善於「宣納詔令」，也就是能夠很好的宣達皇帝的詔書，因而得到了皇帝的信任。於是就在某個時候，被外放監軍。

說到太監監軍，是唐朝的一個比較可恨的體制。由於安祿山的反叛，國家陷入了巨大的災難，同時帶來的還有皇帝對領軍大臣的極端不信任，於是每每派出軍隊的時候，都想派一個自己最信任的人擔任監軍，名義上是監察軍內各種事務，實際上卻是監視領軍大將，防止大將率領手下叛亂。這是唐朝皇帝吸收了朝廷在前期過度放任邊地藩鎮獨立發展軍事勢力的教訓，而做出的應對措施。但是這種制度的實際效果並不理想。

首先是監軍人選：皇帝不信任任何人，他害怕大臣之間會相互交接而共同反叛，皇帝也害怕宗室子弟勾結軍隊自立為皇帝。所以，他想找最不可能叛變自己的人，也就是自己身邊的人。太監，陪著皇帝長大，同時沒有當皇帝理想，並會忠心於皇帝的那些人，就落入了皇帝的龍目，成為監軍的最好人選。魚朝恩，做為皇帝最信任的太監，自然也就有了這個機會。至德初年，他在李光進的軍隊中擔任監軍。

後來唐軍對叛軍有了一些軍事勝利，兩京收復，魚朝恩因為「軍功」而升任「三宮檢責使，以左監門衛將軍知內侍省事」，他這個時候，已經算是朝廷中的一號人物。再過幾年，赫赫有名的叛將安慶緒被唐朝的九大節度使圍了起來，魚朝恩就擔任觀軍容、宣慰、處置使，在沒有設置元帥的那個時刻，他實際上就是唐朝軍隊事實上的最高軍事統帥，總督前線一切事宜。為了營救安慶緒，史思明從范陽率軍南下，先攻陷了魏州，然後按兵不動，等待著機會。大將李光弼馬上進言魚朝恩，請求立刻進攻魏州，防止史思明救援安慶緒。但是魚朝恩本來就不懂軍事，為了能夠早日攻下相州，活捉安慶緒，在皇帝面前大大地露臉來展示自己卓越的軍事才華，魚朝恩一口否決了李光弼的建議，只是催促九節度加力攻打相州。但是，可憐的魚朝恩根本就不懂得軍事行動要統一指揮的道理，他只管在大方向把持軍務，只是催促進攻，至於進攻是否有什麼效果，甚至是各支軍隊之間的配合，他都不能做出一點的佈置。於是，六十萬唐軍，進不可進，退不可退，軍機貽誤，將士不思戰，導致了危困行動的失敗。

但是魚朝恩並不是什麼都沒做的，他這個時候正在為郭子儀煩惱。當時皇帝為了加強東都的防守，已經下詔封郭子儀為東都畿、山南東道、河南諸道行營元帥，全權負責東都的防務。因為郭子儀的職務很高，魚朝恩極為嫉妒，在皇帝面前說郭子儀的壞話，把失敗的責任全推到了郭子儀的頭上。皇帝居然也真的認為魚朝恩說得對，於是解除了郭子儀的軍務，由魚朝恩接任郭子儀的職務。

說到這裡，必須提到一件事：即使是名義上沒有處理軍隊事務的監軍，也是事實上軍隊的最高領導人，他們可以用一些莫名奇妙的理由來給帶兵將領搗亂，甚至於可以借用皇命來誅殺將領。監軍也很喜歡金銀珠寶，因此他們往往為了私

利而向將領索要大量的財寶，將領為了保住官位和性命，也往往剋扣軍餉來滿足監軍們的胃口。於是，在監軍存在的地方，將領顫顫巍巍，不敢擅自做出任何決定；士兵怒火滿腔，因為領不夠足額的軍餉。只有那個監軍，得意洋洋地享受著大權在手的感覺，並數著無數的金銀做夢，他們還可以隨便地處置士兵來顯示自己的威儀，還能夠根據將領送錢給自己的殷勤度，來上報皇帝將領們的勇猛表現。唐軍戰鬥力如果在平日是十，到了有監軍存在的時候，恐怕也只剩下兩、三成了。

另外，如果戰勝，功勞全部歸監軍；如果打敗，罪過卻全部由將領承受。這也是魚朝恩能把罪過推到郭子儀身上的最大原因。郭子儀雖然不是最高元帥，但是他畢竟是最有名望的節度使，理應為這次失利負責。

史思明很快趁機攻陷了洛陽，與李光弼軍對峙於河陽，然後進軍硤石，還分兵一路由史朝義率領，四處給唐軍搗亂。而魚朝恩因為立大功心切並且還怕失敗危及自己的前途，只管按兵不出，後來皇帝下令，他才勉強派出了一支小部隊與叛軍交戰。雖然在這次小小的戰鬥，唐軍取得了勝利，但是整個唐軍與叛軍的局勢已經發生了變化，唐軍由原來的攻勢被迫進入了守勢，打入唐朝控制區域內部的叛軍，嚴重干擾了唐軍的軍事部署，唐軍只有消滅這一支軍隊，才能解決叛軍對京城的威脅。而要為此負責的魚朝恩，仍然是觀軍容使，沒有受到任何的懲罰。

這當中還有一個插曲：有人向皇帝說郭子儀的好話，說他是個傑出的將領，曾經為國家立下了大功，現在叛軍勢力很大，應該重新任用他，而不應該閒置。皇帝耳根子軟，再加上也知道郭子儀的本事，於是重新任用郭子儀為諸道兵馬都統，命他率領禁軍和部分地方軍進攻叛軍的巢穴范陽。但是，皇帝的詔令在下達十幾天之後，也沒有實行，因為魚朝恩害怕郭子儀會立下大功，進而對自己的地位有影響，所以才暗地阻撓了詔書的下達。魚朝恩，就是這麼一個為了自己私利，不顧天下局勢和朝廷存亡的小人。

小人多好大喜功。魚朝恩也是如此，在任何時候，他都是一個第一印象為真的傻瓜，只要是資訊傳到他的耳朵裡，都會被自動認為是真的，並適時地做出應對。他是如此的輕信，以致於他非常合叛軍心意地信任了幾個非常明顯的誘敵之計，將戰局帶入更加慘痛的情況。就在緊張對峙史思明和李光弼軍都不敢輕舉妄動的時候，魚朝恩聽到了一個消息：叛軍的將士們都想念家鄉了，不想繼續作戰。魚朝恩如獲至寶，馬上面見皇帝，說這是一個大好的機會，可以一鼓作氣把叛軍打回姥姥家。皇帝本來也接受了穩紮穩打的意見，但是經不住魚朝恩的再三誘惑，於是命令李光弼趁機收復洛陽。李光弼在前線作戰，自然對敵情是再熟悉不過了，他不願意放棄大好機會，於是上書皇帝，說叛軍們的勢頭正猛，冒失出擊不合適。但是魚朝恩想建大功已經發瘋了，他不停地催促肅宗下令。李光弼無奈，像前輩哥舒翰一樣出戰。叛軍氣勢正盛，結局可想而知：唐軍大敗，不但沒有收復洛陽，反而又丟了河陽和懷州。立了「大功」的魚朝恩倒也沒受到懲處，他拍拍屁股就跑到了陝州。

魚朝恩功利心太重，而本身又欠缺足夠的能力，是他屢次指揮失誤的主要原因。但是出於對權勢的追求，他還是會繼續下去。他如果獲得勝利，自然對自己的地位更有裨益；即使他的計策造成了巨大的損失，皇帝也會因為對他的信任而把責任推給他人。於是，魚朝恩面臨的局勢就是只會升官而不會降職，在這種誘惑下，任何人恐怕都會選擇鋌而走險。

當然，適時地注意他人的聲望地位超過自己，也是必須的。當李光弼失敗後，新皇帝準備重新任用郭子儀為天下兵馬副元帥，率領地方軍隊和從西域借來的回紇兵討伐叛軍。但是魚朝恩又一次阻撓了這項任命。自認為這次征伐成功十拿九穩的魚朝恩，在新皇帝面前沒有吝惜自己的口舌，大大貶低了郭子儀的能力，而把自己誇成了天下少有的絕代名將。傻乎乎的皇帝也相信了魚朝恩，於是轉而把統領軍隊的大權，交給了這個不學無術、蠢笨至極的奸閹。

回紇的軍隊很好使，官軍果然不久就大破叛軍，收復了洛陽、汴州等地。但是偉大的魚朝恩將軍，在此事件中是半點貢獻都沒有的，他只是在最後撈功時下了大力氣。同時，由於回紇人桀驁不馴，魚朝恩無法控制他們，於是回紇人在收復洛陽後大肆搶掠，洛陽幾乎成了一片廢墟。雖然這種行為已承受到了朝廷的默許，但是考慮到後來郭子儀在回紇人面前受到的尊重，我們至少可以肯定由郭子儀率領的軍隊在平定洛陽後不會任由回紇人胡來，以致造成了比叛軍的劫掠還嚴重的後果。

但人民所遭受的一切災難對於魚朝恩來說都是狗屁，最重要的是他升官了，憑藉排除萬難、奮勇作戰收復洛陽的軍功。現在他是開府儀同三司，鳳翔郡公，屯兵汴州。

在郭子儀、李光弼、僕固懷恩等名將的努力下，在唐朝官軍和各少數民族軍隊的合力戰鬥下，安史之亂最後平息。在此過程中，魚朝恩沒有任何值得炫耀的地方，相反地，他浪費了幾次絕佳的消滅叛軍的機會，是安史之亂不能更快平定的最大禍首之一。但是由於皇帝的寵信，他沒有受到任何的懲處，仍然能保持極高的地位，並繼續禍害著大唐，這個已經被昏君、小人、奸閹、賊官所把持的，奄奄一息的國家。

安史之亂後的唐朝，已經不是天朝了。周邊的小國都覬覦唐朝的富庶，紛紛開始了對唐朝邊地的進攻。吐蕃人，一改以前的兄弟盟誓，開始進犯大唐。現今的達賴喇嘛有個很偉大的計算：吐蕃的兵鋒曾經達到過當時的長安，因此中國現在國土的三分之一要被劃給西藏國管理。這個說法不假，吐蕃人的確在唐朝時逼近京師，甚至逼得唐代宗逃到了陝州。

話說那時唐代宗跑得匆忙，連禁軍都因為倉卒之際而一時難以召集，唐代宗狼狽不堪，還害怕吐蕃人打過來俘虜自己。而魚朝恩此時急忙率領神策軍和陝州軍來華陰護駕了。唐代宗放下了心頭的大石，對魚朝恩的寵信也到了無以復加的地步，最後把他提升為天下觀軍容、處置、宣慰使，專門管理神策軍，可以任意的出入皇宮中，魚朝恩之得意，一時無兩。

曾經的大唐子民、鐵勒部人僕固瑒在父親僕固懷恩的反叛下，開始攻打絳州，同時派手下姚良佔據溫縣，並引誘了回紇人攻陷河陽大肆搶掠。魚朝恩惶恐不已。立刻派出了得力幹將李忠誠討伐僕固瑒，用霍文場為監軍；命王景岑討姚良，用王希遷為監軍。這幾個人還不是太無能，真的打敗了僕固瑒、活捉了姚良。而吐蕃的入寇，也被魚朝恩的另一個手下劉德信打退。魚朝恩因為手下的幾次戰功，心中得意非凡，自以為是大唐第一中興名將。對於另外幾名將領，他更是看不起了。每天只在皇上面前打死吹噓自己、詆毀他人。

後來吐蕃攻陷了京師，魚朝恩立刻傻了，他屢戰屢敗，最後還是靠郭子儀的力量，才收復了京城，唐朝才能繼續延續。魚朝恩此時雖然臉皮厚，也無法再次說郭子儀的壞話，只能自覺慚愧。為了避免與郭子儀照面，也為了避開吐蕃的風頭，他甚至想勸皇帝徙都到洛陽，這樣就遠離了吐蕃，避免了京城的再次失陷。為了防止大臣們有不同意見，在朝會的時候，他帶著十幾個甲士，惡狠狠地威脅大家：「虜數犯都甸，欲幸洛，云何？」不過大唐朝中還是不缺明智的和勇敢的臣子的，雖然丞相不敢說話，但另外一個近臣回答說：「敕使反耶？今屯兵足以捍寇，何遽脅天子棄宗廟為？」魚朝恩被噎了個半死，但是卻沒有任何話來反駁，而郭子儀的「亦謂不可」，最終讓這個計畫破滅，而魚朝恩也只好悻悻而止。

魚朝恩的水準在這裡可謂表現得淋漓盡致，他預先埋伏的甲兵居然到最後也不敢使用，足見其人的懦弱與不敢為。同樣條件下，趙高的指鹿為馬殺大臣、十常侍的預伏甲兵斬丁進，倒顯得都是豪勇之士了。

不過即使沒能遷都成功，魚朝恩也已經掌握了朝廷的主要權力。他調動駐陝州軍與神策軍護駕皇帝之後，就把原駐陝州軍劃歸屬禁軍，由自己指揮。而趁吐蕃的進犯，他更是趁機擴大了禁軍的兵力和駐紮範圍，手中的軍事實力更加強大。

三・太監的災難

人人都想要好名聲。

太監也是人。

所以太監也想要好名聲。

這是著名的三段論，應該沒什麼邏輯錯誤。而魚朝恩也是這麼做的。國子監有時舉行解釋儒家經典的活動，朝中的高官顯貴也常來聽講，顯示自己的好學。魚朝恩也不甘示弱，帶了軍隊中的將領來聆聽聖人的教誨。魚朝恩雖然能寫字，但是說到經文，他只能算是半文盲。但就是這個半文盲，居然也堂而皇之地講《五經》大義，做幾篇文章，自謂才兼文武，天下無雙。

如此的大文學家、大軍事家、大政治家和大馬屁家，自然要繼續升官。魚朝恩很快成了開府儀同三司、右監門衛大將軍、觀軍容宣慰處置使、神策兵馬使、上柱國、馮翊郡開國公加內寺監、判國子監事、充鴻臚禮賓等使，進封鄭國公。這一串官職下來，魚朝恩更是趾高氣揚不可一世。他裝模作樣地去國子監視察時，由京兆府提供食品，教坊演奏音樂出俳娼陪宴，而朝廷中的二百多大臣的子弟們，在國子監內充當學生。魚朝恩每次來國子監，都帶著幾百名神策兵護衛，而京兆尹為了供給食用，一次就要花費數十萬：就是這樣，魚朝恩經常露出很不滿意的神色！

魚朝恩跋扈。每次皇帝詔令群臣商討國家大事時，魚朝恩自恃官高受寵，經

常以虛誕之辭挫辱位在其上的朝臣。他不能忍受別的人的位置比他高，所以他一定要在言語上佔到便宜來顯示自己的威風。這很容易理解，一個原本低賤的人，自然有變態的表現自己的慾望，地位越低，表現慾越強。在他的淫威下，高官們往往保持沉默，比如宰相元載本是辯說極強的人物，也只是拱手默立。只有禮部郎中相里造、殿中侍御史李衎因為不滿魚朝恩的氣焰，毫不屈服，敢同朝恩進行辯難攻訐。魚朝恩因咽不下這口氣，便找個機會罷黜了李衎。

但是看到天下間還有人敢反對他，魚朝恩深感不樂。他決心「易執政以震朝廷」，於是把百官拉來朝會，開始大放厥詞：「宰相者，和元氣，輯群生。今水旱不時，屯軍數十萬，饋運困竭，天子臥不安席，宰相何以輔之？不退避賢路，默默尚何賴乎？」宰相們都默默不語，只是俯首。而大臣們大驚失色，禮部郎中相里造立刻出來說話：「陰陽不和，五穀踴貴，皆軍容事，宰相何與哉？且軍挐不散，故天降之沴。今京師無事，六軍可相維鎮，又屯十萬，饋糧所以不足，百司無稍食，軍容為之，宰相行文書而已，何所歸罪？」魚朝恩大怒，拂衣而去，說：「南衙朋黨，且害我。」

魚朝恩還不死心，找了機會講經。他拿著《易》，趁著百官都在，開始信口雌黃，說《鼎》有覆餗象，宰相應了這個，有問題。宰相王縉大怒，而元載卻怡然不怕。魚朝恩心下也是震動，不自覺地誇讚了元載：「怒者常情，笑者不可測也。」元載也只是不語。

魚朝恩還不算忘本，在自己享受得差不多的時候，他也會討好一下皇帝和太后。比如他曾經獻出「觀沼勝爽」的一處莊宅修造章敬寺，為章敬太后求福。這個章敬寺修建的非常壯麗，甚至城中的木材都不夠用了。魚朝恩也乾脆命人拆毀城中曲江亭館、華清宮觀樓、百司行廨以及將相沒官的住宅，用其木材，耗資萬億。

魚朝恩早就對郭子儀不滿，因為嫉妒。這次有了機會，他趁機刨了郭子儀父母的墓，想激怒郭子儀，逼迫郭造反。郭子儀一代人傑，為了國家的統一和後世的美名，忍下了這口氣，反而把過錯歸結到自己沒有保護別人墓穴的失誤上。魚朝恩心中雖然得意，但是也不得不佩服郭子儀，以後也只好不怎麼去找郭子儀的麻煩了。倒不是他不想去，實在是沒辦法找了，只有作罷。

魚朝恩在朝廷中網羅親信，以便為所欲為。神策都虞侯劉希暹魁健能騎射，最受魚朝恩的寵信，於是被封為太僕卿封交河郡王。兵馬使王駕鶴為人謹厚，也被封為徐國公。劉希暹建議魚朝恩在北軍中私設監獄，暗地裡唆使無賴少年誣告城內富人大戶違法，然後把他們捕到獄中進行殘酷拷問，逼迫富商們把財產「奉獻」到軍中。為此死的人不計其數，民間都恨恨不已，稱之為「入地牢」。但是由於魚朝恩權傾一時，沒有人敢過問此事。

魚朝恩事必躬親，所有的政事，他都要知道。一旦宰臣決定的政事沒他參與，他就大發雷霆，一句「天下事豈不由我乎」，宰臣股顫，不能仰視。這個時候的皇帝，已經有些不喜了。因為魚朝恩不再甘願做奴才，而把手伸得太長了。不久之後的又一件事，讓皇帝更加震怒。

魚朝恩的養子令徽，年紀輕輕就在內殿供職。但有一次他與別人爭位，於是向魚朝恩告狀說受人欺負。魚朝恩聽後怒氣沖沖，第二天上奏皇帝說：「臣之子位下，願得金紫，在班列上。」皇帝還沒說話，魚朝恩就讓人捧來了紫服，讓令徽穿上謝恩，皇帝雖然笑著說：「小兒章服，大稱。」但是心中的不滿已經到了臨界點。

皇帝的不滿和大臣們被侮辱而產生的憤怒，終於在某個時間爆發了。大家在合理剷除魚朝恩這一問題上，達成了廣泛而深刻的共識。但是魚朝恩勢力太大，再加上他掌握軍權，所以「捕魚計畫」只能從魚朝恩的身邊著手，宰相元載買通了魚朝恩的親信將領，掌握了魚朝恩的活動。這裡也要提到的是魚朝恩刻薄寡恩，他總是想著自己獨攬大權並獲得所有的榮譽，對手下的態度很不耐煩，手下平常也是敢怒不敢言，這次有了除掉他的機會，他們也都暗自下了決心。

元載首先提升了皇甫溫、周皓的官職，獲得了他們的信任。但此時劉希暹可能有所察覺，勸告魚朝恩注意，但是魚朝恩看到皇帝沒有在平時表現出對自己的態度的不同，也就不以為意，繼續跋扈不法—目光短淺之輩，大略如是。元載繼續挖魚朝恩的牆腳，為了防止魚朝恩疑心，還頗給了魚朝恩一些甜頭，讓魚朝恩樂此不疲。

泡沫破碎得很快。寒食節，皇宮舉行宴會，魚朝恩來參加。宴會結束，魚朝恩剛想回營，皇帝命令他留下議事。魚朝恩一向身體肥胖，出入皇宮都是以小車代步。皇帝在宮內聽到車聲，正襟端坐以待，而元載則端坐在中書省，防備著大事不成，來個霸王硬上。

魚朝恩參見皇帝，皇帝立刻責備他圖謀不軌。魚朝恩本來就狂妄自大，於是很不耐煩地為自我辯解。但這時他的話已經沒用了，已經投靠了皇帝的親信周皓與手下一擁而上，絞死了他。這事發生在宮闈中，他的死訊，外間竟一無所知。

皇帝故意隱瞞了這個事實，只是裝模作樣地下詔罷免了魚朝恩的觀軍容使等職，保留了內侍監一職，還又加封了他六百戶。不過幾天後，皇帝就命人把魚朝恩的屍體送回了家，死因則是「既奉詔，乃投繯」，並賜給六百萬錢完成喪事。

四．魚蠢

魚朝恩是千千萬萬個太監中的一個，是擁有巨大權勢的宦官中的一員，是被天下人唾棄的奸閹中的一位。雖然根據史書，他成名前的事蹟已經不太可考。但是用一般太監的發跡史來套取他的生活經歷，應該也是可以的。

他大概沒讀多少書，而且行事也極為鄙陋不堪；他對權勢的追求極為赤裸，而稍微擁有了權勢之後更是得意忘形；他所做的一切都極有目的性，但是採取的方法卻十分可笑；他比歷史上任何一個成名的奸閹，都要傻得多。

由此我們大膽推測，他應該是出生於一個破落家庭的孩子，從小接受過一點點的教育，因此他能夠識字。由於生活所迫，他可能被自己的親人閹掉，盼望能夠送到皇宮中做個小太監，一方面能夠養活自己，另一方面則能在功成名就之後可以光宗耀祖。進入了皇宮的魚朝恩，在開始自然也就像別的太監一樣，被所有人看不起，處於皇宮中最底層的地位。生理上的不健全，讓他格外自卑，同時又極端渴望能被所有人所承認，所以他生活的全部目的就是獲得別人的承認，甚至是害怕。而在皇宮中，獲得權勢也不是很困難，只要能討好皇帝獲得帝王的寵信。

應該使用了一切的手段，比如費盡心思地拍馬屁、向主子推薦許許多多好玩的東西、在必要的時候努力向主子的主子獻媚，一層層地由最下向上攀爬。

很簡單的一個步驟，是皇宮中人的共識。但是魚朝恩的成功，相對於他的個人能力來說，還是非常幸運的。如果簡單地按照他在出名之後、即從史書上記載他的故事來說，他能夠獲寵於皇帝，簡直是不可能的。但是，或許他本來也是個小人，變臉的本事太大，以致讓我們完全無法推測他的上位過程而已。

但是，他的過錯似乎也不是他的過錯。

皇帝的「只與家奴、不給外姓」的想法，才真正是魚朝恩的悲劇命運的最大原因。

第三節 九千歲——魏忠賢

我的奮鬥

我是一個農民。

在你們的年代，農民是罵人的詞。在你們城裡人眼中，他們沒有學問、沒有錢、粗俗不堪，每天想的都只是吃飽飯，然後就是弄點小錢花花。其實這不錯，在任何時候，農民都只能這麼想。因為在你們能吃飽飯，能讓自己的孩子上得起學的時候，農民們要先填飽肚子，然後才能想著讓自己的孩子去上學，只有上學才能擺脫這種沒有未來的命運。但即使是農民們在努力地奮鬥著，即使是在號稱眾生平等的年代，農民也被你們看不起。很可笑，你們吃著農民種出來的糧食，卻看不起種糧食的人。

不過我不會指責你們，因為在我的年代，我們農民的地位更低。別的都不用說了，什麼民主、自由、平等都是扯淡，這個時代的我們整天想著的就是吃飽飯。只是可惜，帝國的農民實在太多，土地又都被皇帝老爺和那些高官們抓在了手裡，我們只能租種土地，然後繳納可怕的田租人頭稅。我們沒有任何辦法，只好拼命地供養孩子讀書、考取功名、做官，然後改變我們和我們後代的農民的命運。雖然我們不再是農民後，也會去榨取農民的血汗，但是在這麼一個靠吸取他們血肉生存的年代，誰又能說什麼呢？就算是那些滿口仁義道德的讀書人，他們不也背地裡男盜女娼、大肆買進土地、向皇帝獻媚討好？

更何況，我還讀不起書。

我家不是赤貧，我和我的哥哥都有幾分薄田，我也已經娶了老婆。如果我願意，我的確可以安安穩穩地做一個農民，每天種地，供養著老婆、兒子，盼望著兒子能在將來讀書入仕，然後改變我的農民身分。但是如

魏忠賢

果這麼做，我就必須忍受二十年、三十年甚至永遠。

我才二十歲。我高大、威猛、強壯、講義氣、能交朋友、會種田、還會挽弓射箭，但是我不想老死在田裡，我喜歡跟村裡的無賴們玩耍。他們的生活才是我最渴望的：沒有拘束、沒有負擔、可以自由自在的安排自己的一切……

當然，這是別人的看法。他們不理解我，也不願意瞭解我。他們知道的我，只是那個遊手好閒、不事生產的傢伙。他們每天在累死累活的時候，也只有拿我當作笑料，來發洩他們心中的痛苦。在他們看來，他們在痛苦之餘還能消遣別人，或許是一種心理滿足的好辦法吧！

不去說他們。我只知道，我不會安於這種生活。我每天、每夜，飛黃騰達的渴望都在煎熬著我。可是我沒有出路，我找不到任何能擺脫這種生活的辦法。我很清楚，按照一般人的生活方法，我的一生會被毀掉。

我已經不可能再成為狀元了，因為我不識字，家裡窮，沒上過學；我也不能做將軍，因為大明天朝簡直是太平盛世；我不可能在這個年代憑藉自己的勤勞致富、我也不能在戶籍管理嚴格的這個時代跑到外地發財，我甚至無法忍受那種千篇一律的生活。我所謂的「喜無賴」，只是一種逃避現實的做法，在放蕩生活中，的確是可以忘記很多事。

日子一天天地過，但是我的慾望之火，只會一天天更加熾烈。當到了一定時候，它可能燒毀我，又或者我能以之為動力。

天堂與地獄，只是一紙之差。

那一天，我在賭博。但是我手氣太差，輸得一乾二淨。我不會賴帳，但是那些人居然不讓我再參加，而他們把我教訓了一頓。

長久以來的邪火和現在受到的憋氣，終於爆發了出來。

我要出人頭地，我不能再等了。

我們這裡也有成功的人，只是他們的出名方法我一直不願意用。但是現在，我還顧得了那麼多？

我自宮了。

這四個字，意味著什麼？所有男人的尊嚴，我都不再有；所有人的人格，我也都失去了。

我賣掉了家中的一切，我哥哥也接近傾家蕩產。我們走到這一步，已經無路可退。我一定要入宮，用魏家的人為魏家取得土地。

在銀子和鄉親的名義下，我被同鄉的太監照顧進了宮。但是我的錢也只能做到這麼多，他之後再也沒有幫我一次忙，我只能完完全全地靠自己。

宮裡很多太監，但他們都不是正常男人。他們尖聲細氣、扭捏作態、心胸狹隘、死氣沉沉。可能我也是這樣，不過我不在乎了。他們大多是在完全成人前進來的，所以身體都沒怎麼發育完；我不一樣，我娶妻生子過，我是在自己最血氣方剛的時候進來的，我跟他們比，強壯、英挺、豪爽……但是，我的出色，也只是在太監中選男人而已。

我的上司是司禮太監孫暹，我用心地討好他，成為了他的心腹，幫助他管理甲子庫。這時，我認識了魏朝，另一個比較有權勢的太監，他的上司是王安，一個地位極高的太監頭子。我雖然這個時候也能夠養活自己了，但是我的理想並不只是如此，所以我決定繼續鑽營，目標就是魏朝和王安。

我很講義氣，雖然吃虧，但是大家對我的印象還不錯；我長得也比較好，容易給人留下好感；我自幼無賴，拍馬屁的功夫也相當到家；而且管理甲子庫的時候我也積攢了一點小錢；我還想辦法與魏朝結成了同宗。於是，我成功了。我進入了王選侍的宮內掌管御膳，這是一個肥缺，我可以撈到更多的外快。

但是，我的最大收穫不是這些。我認識兩個人：朱由校和客氏。

朱由校是什麼人？是皇長孫。雖然太子並不受皇帝寵愛，皇長孫也似乎並沒有當皇帝的命。而客氏，是一個漂亮的女人，皇長孫的乳母，慾望很強烈，她看我的眼神很不正常，我感覺得出來；但是她是魏朝的菜戶，我不能碰。

我很感激那幾個太監，使他們讓我從眾多底層太監中出頭，做到了現在的位置。我也很感激王選侍和皇太孫，他們的存在讓我有了成功的可能。要知道，我已經進宮十多年了。這十多年裡，騙我的人多、幫我的人少；只有落井下石，沒有雪中送炭。誰對我好，我清楚；誰對我壞，我也清楚。

我忠心耿耿，把自己所能做到的都做好了。我的目的很簡單，把王選侍和皇太孫侍候好。一方面是報恩，另一方面則是為自己的未來打算。即使皇太孫未來可能只是一個王爺，我也可以有了一定權力。

皇太孫不是被母親照顧長大的，他是被我們這些太監、宮女們拉拔長大的，當然客氏在其中有舉足輕重的作用。由於皇帝不喜歡太子，順帶對皇太孫也沒什麼好感，所以皇太孫並沒有受到過多的重視，他甚至沒有接受很好的教育，他接觸得最多的，是我們這些苦命人。我們帶著他玩樂，但更多的就教不了，因為我

們大部分人都是文盲。

皇太孫很聰明，特別是在木工方面。如果他是生長在外面，一定會成為一個了不起的木匠。不過，他日後成了王爺，大概會有更多的時間來做木工吧！

我能把幾個工於心計的太監拍得很舒服，自然也能討好這個皇太孫。我雖然權力不大，但是我跟客氏的關係很好，她在皇太孫面前的幾句好話，已經足夠讓我的地位穩固了。所以我需要做的，只是攏絡客氏。

世事無常，皇帝駕崩了。太子在如履薄冰幾十年後，終於成為正式的皇帝，皇太孫也成為了太子。我很開心，這意味著我能獲得的好處更多，也許在我告老還鄉之前，能給家裡人帶去足夠的好處吧！我已經五十多歲，熬不到太子做皇帝的時候了。

不過世事繼續無常，皇帝繼續駕崩，他太高興了，以致不能收斂自己，過度放縱而死。活該！還是我們去勢的人好，沒有多少可以放縱的地方。不過，太子似乎要繼位了，我豈不是皇宮御膳房的頭頭了？我預感到我的前途將是一片光明。

但是我又不能保證我的前途，因為很多本來看不上這個位子的人，現在都在蠢蠢欲動了。我憑什麼坐穩這個位子呢？恍惚間，我看到了客氏。那個十八歲就入宮為乳母的女人。

她和魏朝是相好，魏朝則是我的恩人。但是，客氏與皇帝的關係非同一般，她一手帶大了皇帝。如果能爭取到她的支援，我的地位就非常有保證。另外，她是一個很漂亮的女子，也很寂寞。魏朝那個人，遠遠不如我強健英挺，我在這個缺少男人的宮中，也算是頂級的美男子吧！反正，她對我有意思。本來也不想，因為兄弟如手足，但是這個兄弟值得嗎？在這個人吃人的地方，誰心軟，誰就死，沒有例外。既然是兄弟，你就為了我犧牲吧！

她勾引我，又或者是我勾引她。反正我們在一起了，魏朝為此和我鬧了許久。但是小皇帝因為喜歡客氏，所以讓客氏指認喜歡的那個。魏朝失敗了，只好灰頭土臉地被發配到鳳陽去守皇陵。但是，聰明人是不應該給自己留下禍害的，所以他在途中死去了。而客氏，現在是我的人了，她必須在皇帝面前為我說話。

但是在皇帝面前，我還不是最大的太監，還有王安在我前面。雖然他也很賞識我，但是他一直在防備我。此人有二心，所以我也不能讓他擋路。這個也好辦，隨便找個外官來彈劾他就行了。客氏是我的人，再加上皇帝也很喜歡我，王

安果然不久就滾蛋了。當然，和魏朝一樣，他也死了。他留下的司禮秉筆大監的位置，我只好替他接任了。

這個司禮秉筆大監，很有意思，實際上是皇帝的代筆。皇帝也不用自己親自擬寫詔書，只要口述，司禮秉筆大監照寫就是了。我是文盲，本不識字，但是皇帝也不會來處理朝政，我根本就不用按照皇帝的意思來寫詔書，所以我做得了這個位子。

是我誘惑了皇帝荒廢朝政？你們這些為皇帝想的傢伙還是不用亂咬人了，我不論怎麼做，說到底也只是臣子，根本無法左右皇帝的。那些明君，身邊也有小人，但是他們也不見得不理朝政。只有皇帝想享受，沒有臣子誘惑皇帝一說。

可是那些讀死書的人可不這麼想，他們把皇帝看做是永遠不會犯錯的，如果犯錯，那麼一定是我們宦官的錯。所以當皇帝不理朝政，把所有的事都交給我處理後，他們便把所有的矛頭都對準了我。

我很害怕，說不怕是假的。所以我找人幫忙，我向皇帝哭訴，我找客氏給皇帝吹耳邊風。那些臣子也不想想，如果我丟官、如果客氏也離開了皇帝，皇帝還有什麼樂趣可言？皇帝不能離開我們，正如我們不能離開皇帝一樣。在皇帝的庇佑下，我安然無恙。方震孺、趙南星、楊漣、左光斗，他們固然有名，但是當面對皇帝的保護，他們屁都不算。

當然，皇后對我的不喜歡，還是有些麻煩的。不過這又算得了什麼。在皇后沒進宮的時候，皇帝就是我們照顧的。妳又不是皇帝最愛的女人，妳以為能隻手遮天？妳以為客氏是誰？她可是皇帝最喜歡的女人，離開了她皇帝連飯都吃不下去。妳一個小小的皇后，也敢這麼做？看來是不能對妳客氣了。等妳生了兒子，妳就可以整天說我的壞話，那時我命就苦了。說不得，我也要先下手了。

不過這個主意倒不能全歸功於我，客氏才是主角。因為她也喜歡皇帝，是皇帝的第一個女人，不過她是乳母，這輩子都不能成為皇帝的妃子了。所以她能做的，只是毀掉皇帝喜歡的所有女人，讓她們不能擁有龍種。她得不到的，你們能得到嗎？

皇后身邊的人，全都是我的人。我買通了一部分，剩下買不通的也都被我弄死了。於是皇后懷孕的時候，我的人「特別地」照顧了她。唉，真是不想讓皇帝有兒子，可是妳皇后實在太不省心了。沒辦法，皇后流產，太子甚至都沒見到太陽……

只有投靠我的妃子，才能生下未來的皇帝。因為只有那樣，我的權力才能保持。我的一切都來自於我從小照顧的皇帝，所以我的未來，也一定是要靠我繼續照顧大的太子的。那些無恥的女人，總在想著勾引皇帝生兒子，然後成為太后。你們真是太傻了，沒有我魏忠賢，你們連蝨子都生不出來！

這麼多年，皇帝居然連子嗣都沒有，真是讓人惱火啊！偶爾有幾個，還因為種種原因早夭，比如那個皇子，也被我嚇死了。但是這不能怪我，我只不過在宮中操練一下我的兵，你皇子就嚇死了，這能怪我嗎？不過好辦，我魏忠賢會挑選天下的秀女來伺候皇帝的。總有一天，某個尊敬我的女人，會懷下龍種的。

不過宮中的事，我還是不能太明目張膽地插手，我畢竟是男人，雖然不健全。我應該主外，內宮的事就交給客氏吧！她比我敢下手得多。最毒婦人心，不是瞎說的。

朝廷很亂。特別是那些東林黨人，他們老是在給我搗亂，理由很簡單：太監之爭會導致亡國。可笑的人啊！居然還在想著聯名給皇帝上書，說什麼希望皇帝能夠讓所有事由閣臣討論之後決定。這些人腦子有病！皇帝最怕的是什麼？當然是皇權旁落。所以歷代皇帝才要想辦法限制大臣，特別是宰相的權力。皇帝也不能事事躬親，所以才需要我們這些奴才來為他分憂解難。我們是奴才，皇帝的奴才，我們沒有兒子，不論怎麼樣都不會篡位。我們還對皇帝忠心耿耿，我們甚至是撫養皇帝長大的。你們閣臣，憑什麼跟我爭？就算你們是好人，好人就一定贏嗎？

皇帝還是信任我的，我的權力沒有因此受到限制。皇帝繼續做他喜歡做的事，我也繼續替皇上分憂。

新上臺的自我標榜的東林黨人又發難了。不過這次我不是很怕，因為從閣臣中跳出了兩個識時務的傢伙：顧秉謙和魏廣微，他們因為受到清流的彈劾而投靠了我，我自己派別的根底於是成了。這個時候，我已經提督東廠。東廠是什麼地方，大家都清楚。有了東廠，誰我都敢動。

好人們以前彈劾我，現在，他們該還了。我還沒做壞事，你們就吵吵嚷嚷；現在我做壞事，你們看看吧！

傅櫆，我的小弟，上書誣告左光斗、魏大中等與內閣中書汪文言勾結。我知道這不是真的，因為你們交結只不過是對付我。但是臣子暗地裡交結，是皇帝最忌諱的事，你們要倒楣了。可是那些人居然先下手了。楊漣挑頭，疏劾我二十四

條大罪，什麼迫害朝臣、迫害太監、迫害妃嬪、蓄養內兵、羅織獄案……幾十個傻瓜大臣還附和他，一起上書。好大的罪名啊，我好害怕！

哈哈哈哈，這些人真幼稚。這些大罪是那麼好用的嗎？他們做官那麼多年，一點腦子都不長。皇帝說誰有罪，誰就有罪；皇帝不說，那就沒有。而且你們最傻的是，明知道我批閱這些奏摺，還不怕死的一個個上奏。我要不給你們點顏色看看，你們不知道魏公公是個太監！

不過我的勢力雖然大，對付這群白癡還不夠。我只想各個擊破，而不是一鍋端。所以我先求和了。我找了一個叫韓爐的內閣大臣，希望他調解一下。不料韓爐以為他們能扳倒我，根本不睬我，其他大臣也來勁了，更加勁彈劾我。

我只好找皇帝了。你們大臣整天都見不到皇帝，但是我想見就能見。皇帝喜歡木工，做木工的時候尤其不喜歡有事煩他。所以我就趁著他做木工起勁的時候找他，他自然不耐煩，隨口一句「隨便你」，那就隨便我了。

先開名單，我的手下爭著在做呢！反對我的、跟手下不和的、有私仇的，都被列入了黑名單。這些人，都是邪黨。而我們，自然是正人君子。至於這些名單的合理性，不用懷疑，皇帝已經說過，一切隨我。

根據名單，我們一個個來解決。葉向高丟官，趙南星、高攀龍致仕，楊漣、左光斗削籍……我本打算給汪文言面子，只要他幫我指正那些笨蛋，他就升官。不過人家有骨氣，就是不承認。那沒辦法，你要做好人就去做好了，捏死你，不就像捏死隻螞蟻嗎？我沒證據不要緊，製造一個證據還不簡單。許顯純有點意思，隨口弄了點東西，就把楊漣下了大獄。還有那個熊廷弼，兵部尚書，可能是他起草彈劾我的奏疏，也抓他。他得罪過大臣，還提議放棄遼東、撤回關內，對失地要負大責。而楊漣和熊廷弼一個是丞相、一個是邊帥，說他們勾結，嘿嘿，他們都死定了。

接著是魏大中、左光斗、顧大章……誰同情他們，誰就死。沒想到傻瓜真的挺多，一堆堆的人爭著去死。也好，我滿足你們的願望。

現在，還有誰？朝廷裡清靜了不少，剩下的都投靠了我。

舒服，爽快，高興……

該賞賜孩兒們了，他們可是立了大功。有功，我就賞。不就是官嗎？我能給他們。皇帝不管事，我最大。就算皇帝管事，我給他們封官，皇帝也不會說什麼的。再說了，朝廷裡都是我的人，那不就沒人煩我了嗎？他們投靠我，自然是要

有好處的，不然以後誰還投靠我。

顧秉謙，首輔；魏廣微，內閣大臣；崔呈秀，工部尚書兼左都御史；田吉，兵部尚書；倪文煥，太常卿；李夔龍，左副都御史……

孩兒們也爭氣，果然開始讚美我了。我覺得他們說得對，我魏忠賢，對皇帝忠心耿耿，從最低賤的位置爬到那麼高，自然也是才華絕代；我講義氣，把朋友都弄成高官，我在民間也極有威名，大臣都怕我。這麼一算，我可是忠孝仁義德威兼有的大才啊！他們誇的有何不對？

至於那些說我壞話的人，倒是要仔細想想了。他們罵我，自然不是好人。估計是東林餘孽，又或者是嫉妒我的威名，又或者是嫉妒皇帝對我的信任。哼，你們罵，那就得付出代價！當然，有人會誣告別人，但是沒辦法，為了我老人家的名聲，寧可錯殺一千，不能放過一個。

孩兒們的刑法，用的還是太輕。這些人膽敢冒犯我，每個人凌遲都不能解我心頭之恨。那個楊漣，我不想看到他的臉，就把他頭面打爛；他說我壞話，就打落滿嘴牙；他不是潔身自好嘛！那就用鋼針來給他刷刷，看他掃泥一般的身體又多乾淨；他挺胸，那就把他肋骨一根根打斷；他腦袋硬，那就打鐵釘進去，我倒想看看到底他是不是練過鐵頭功！以後，每個人都要這麼整，我看還有誰敢罵我。

不過真有不知趣的。我手下是東廠啊！最滴水不漏的組織，他們夠無孔不入了。可是街上，還真有一些不怕死的百姓在罵我。比如那天有四個人喝酒，一個傻瓜居然仗著身邊沒人罵我專權。我專權怎麼了？你以為我聽不到？抓來。他還說我不能扒他皮，那我就扒扒看。還有，把他身邊的幾個人也拉來看看。他們沒附和，就不殺他們。不過我要讓他們出去宣傳一下，看看我魏公公到底有多厲害。

不過那些小子給我立生祠，是不是有點過了？不過，似乎也不過分，難道我當不起？你聽聽，我身邊的人都說我完全當得起。那，就立吧！那個最先立的人，要大大獎勵。不錯，有前途。

別忘了，那個先喊我九千歲的小子也要升官。我本來也沒打算做萬歲，做個千歲也差不多了。但是，千歲和那些王爺們也還一樣，和太后也一樣，我不希罕。他們憑什麼能和我平起平坐呢？我應該比他們都高！九千歲，就比皇帝差一點，不錯不錯，有創意，有心計！

還有我的親戚，都給做大官。我的哥哥的兒子，我的侄子，可都是我老魏家的後代，我進宮，他們可費了勁了。現在我做了這麼大官，他們也一定都要成為最富貴、最顯赫、最有名望的家族！他們都要成為公侯，都要在朝廷裡掌握大權。

我是得意啊！不過自己一人看，實在太沒意思，我要讓天下都看看。這樣吧！找個熱鬧的地方，在趕集的時候讓人家看看。我要帶幾千個騎兵，鞍前馬後都要有；我要穿這官服，蟒袍玉帶；我要手下大聲呼喝我的名字，告訴天下人我到哪裡了；我要當地官府沿路清掃，顯示我的尊貴；我的馬車，要用四匹馬拉，羽幢青蓋，夾護雙遮……

總之，你們必須知道，天下，除了皇帝，我最尊貴。我是九千歲。

可是，皇帝病了。他不該病得那麼重，他才三十出頭啊！我得照顧他，他小時候生病，也是我照顧的。

我衣不解帶，日夜伺候著；我熬湯換藥，每個細節都注意著；我向天祈福，誠心禱告著。我可以很壞，但是我很忠心，忠心我的主子。他現在還沒有兒子，如果他死了，下個皇帝會給我好看嗎？

天　七年八月，皇帝駕崩。

皇上，老臣沒用啊！

新皇帝果然不喜歡我，罷了官，還要流放我。沒辦法，我走就是了。反正我有錢，到哪裡都能活得很好。

不過那些人還不肯放過我，繼續說我壞話，新皇帝也要派錦衣衛來抓我。

抓我？

我知道你們要折磨我。可是，我是魏忠賢。從來只有我折磨別人，沒有人折磨我！

我會上吊。就算死，也不能死在你們手裡。我的生死，只能由我來掌握。

哼！你們看到這封信了吧！我來告訴你們一個大祕密。

我所做的一切，都是很自然的。我從來不認為這是我的錯。只要有皇帝在，總有一天我還會回來。太監幫助皇帝處理政務，永遠會存在！

魏忠賢．絕筆

第四章

看家守門

——皇帝手下的權臣

第一節 以彼之道——司馬懿

以彼之道，還施彼身。

所以我想，司馬氏或許是慕容氏的親戚。

當然這只是一個玩笑，司馬氏與慕容氏的相同處只有兩點：兩方都是複姓，兩方都擅長一個本事—以彼之道，還施彼身。

慕容氏的本領，恕不贅述，不知道的請看《天龍八部》。

至於司馬氏，好吧，雖然《三國演義》已經講了很多，但是，那不是最真實的司馬氏，特別對於司馬懿來說。

做為三國最偉大的天才之一，司馬懿的本領可謂驚豔。從處理內政、對付政敵、整飭軍務、軍事謀略等等方面來說，他都是一個全面的、能與當時任何一個天才抗衡的天才。但是，在歷史上，他出名的時間似乎也晚了點。如果從《三國演義》看，只是到了三國戰爭的後半期，司馬懿才匆匆地走入了舞臺的最中央，演出了一幕絕無僅有的歷史大劇。

魏國皇帝任用他的時候，他已經是朝廷的重臣，再怎麼計算也都是魏國朝廷中排名前五的人物，但是他的名聲，似乎與自己的地位不怎麼相稱。皇帝每當討論事情，拉的都是曹家和夏侯家的人，至於其他人，都被排除在最中心之外，包括司馬懿，也受到很大的排擠。

為什麼？為什麼司馬懿出名那麼晚？為什麼他那麼高的地位，卻沒有與之相對應的名望？為什麼要在他中年的時候，才給他馳騁天下的機會？

因為他有才，所以能做到高官；因為他有才華和野心，所以當政者有些疑忌他；因為他有才，所以也猜得到自己如果表現得太多，恐怕會遭受

司馬懿

巨大的災禍；因為他有才，所以他在那個非常時刻，跳了出來，去攫取自己的渴望。

司馬懿的父親司馬防是洛陽縣令，在任職期間生下了司馬懿。司馬懿的父輩是極為嚴正的人物，比如司馬懿的父親司馬防，向來喜好漢書中的名臣故事，曾經寫了幾十萬字的著作來表達自己對先賢的敬仰，並同時嚴格要求自己的子女。他要求自己的子女要嚴格的遵守道德，對父輩的命令要毫無保留的遵從。父子間要保持嚴格的上下級關係，不能有任何狎褻的時候。

司馬家族的血統相當優秀，司馬懿的哥哥司馬朗就是一個天才級的人物，他自幼就有很多機智之語流傳於世，受到世人交口稱讚。司馬懿不比自己的哥哥差，他繼承了家族高大威猛的身材，並受到嚴父及兄長的悉心照顧，自幼便開始誦讀儒家經典，同時還在嚴肅的家教範圍下養成了遇事忍耐、自我克制的個性。

司馬懿十歲的時候，漢靈帝劉宏病死，漢少帝劉辯繼位。朝廷動亂，爭權奪勢的幾幫人開始了曠日持久的鬥爭，最後大將軍何進被宦官殺死，董卓奉命入京斬除宦官，但他也專權，廢掉了漢少帝轉立陳留王劉協為皇帝。此時司馬防已升任御史臺。

然後就是那段不堪回首的亂世。詳見《三國志》，如果覺得枯燥，那麼請看《三國演義》。

那麼司馬懿做了什麼？

對不起，這個時候他太小，還不怎麼懂事，處理家務的還是他的父親。在董卓被聯軍打敗，挾持天子遷都的時候，司馬防做為朝廷要員，跟在了皇帝身邊。但他擔心家人，命司馬朗把親戚遷回老家溫縣。在受人陷害但保住性命的情況下，司馬朗散盡家財，帶著司馬懿回家。回到老家，司馬朗覺得不安全，就告訴別人說溫縣處於交戰地，不安全，不如跑到別的地方躲避一下。但沒人聽他的，他於是帶著信任自己的幾個人去避禍了。後來，戰火蔓延到溫縣，死傷無數。

戰爭繼續，天災人禍，眾庶生不如死。

司馬朗小心翼翼地維持著家族，並教導司馬懿讀書。亂世是很好的學習場所，在這裡，剛步入少年的司馬懿很自然地被灌輸了一種思想：一定要救濟天下，讓天下重新安定。不過在這個時候，司馬懿並沒有多少野心，哥哥司馬朗在他心裡，是無所不能的。

但是天才就是天才，司馬懿即使在自己不出頭露面的情況下，也被一些有識

之士驚嘆為天才。這些人已經很敏銳地認識到：此子非池中物。當時的名士崔琰、楊俊等，就很直截了當地表達自己對司馬懿的欣賞。他們逢人便說，以致連曹操都聽說了司馬懿的不凡，派人徵召司馬懿擔任自己的幕僚。

雖然司馬朗在這個時候已經是曹操的幕僚，但是司馬懿不知道出於什麼考慮，就是不肯接受曹操的徵召，他第一次裝病，裝了七年。在這七年裡，秉性多疑的曹操屢次試探，想看看司馬懿到底是不是病得很嚴重。曹操派人去探病，用針扎司馬懿，他都一動也不動，曹操於是相信了他。但是也不時派人監視他。只是有一次，司馬懿曬書時下了大雨，他跳下床去收拾，被婢女看到。幸虧夫人聰明，殺掉了那個婢女，才保住了這個大祕密。

司馬懿為什麼不接受徵召，可能有三個原因：對漢朝仍然保持忠心，畢竟他從小接受的教育是如此，而曹操挾天子以令諸侯，嚴重損害了天子的權威，司馬懿心中憤怒；曹操本性多疑，同時地位也不是很穩固，司馬懿怕自己太聰明而招致災禍，或者是怕曹操遭受軍事失敗連累自己；司馬朗已經是曹操的幕僚，自己去了也不能得到很高的地位。但是司馬懿的理想到底是什麼，我們不得而知，不過仔細想來，匡扶漢室大約就是他的最高追求了，另外有一個細節：他夫人既然殺死了看到他收拾書的婢女，那麼這個故事是怎麼流傳下來的？莫非是司馬懿或者夫人走漏了風聲？也不用細究，這是一個很好的美化人的方法，喜歡書的人，沒有笨人。

裝病七年，曹操繼續升官。曹操派人來最後一次徵召，放下了一句話：「再不過來，就坐牢。」這句話非常有用，司馬懿的病立刻好了，他馬上去曹操的丞相府做了幕僚。司馬懿不是傻子，曹操既然已經有疑心，也已經放出了話，再反抗就是極為不智了。他立刻屈服，避免了可能招致的災禍。能屈能伸，大丈夫也；審時度勢，智者也；不戀棧權位，隱者也。司馬懿此時表現出的才智，驚人。至於曹操在此時是否討厭司馬懿，我們不知道，也許曹操認為這個人雖然聰明，只是對自己有二心。但是曹操一向愛才，並且司馬懿的父親和哥哥都與曹操的關係良好，於是還是容忍了司馬懿。

司馬懿一路升官，畢竟他是一個非常有才華的人，做起事來也是幹才。他做了丞相府文學掾、黃門侍郎、議郎、丞相府東曹屬、丞相府主簿。在這個升官過程中，他憑藉自己的才華和氣度，折服了後來的皇帝曹丕，讓曹丕認識到他的才能，並能在以後重用他。

司馬懿大概是想做一些什麼，所以他也向曹操提了很多建議。曹操想攻打張魯。司馬懿酒勸曹操先攻打劉備，然後藉助佔領漢中的機會再攻打張魯，這樣省事得多，效果也好。但是曹操比較自負，借用了一句漢光武帝的名言：「人苦不知足，既得隴又復望得蜀？」然後出兵攻打張魯去了。

曹操大敗回來，知道司馬懿說得對，但是也有些不好意思。他向來勇於認錯，於是就決心讓司馬懿專心輔佐自己的兒子。隨著曹操的勢力漸漸穩固，加上對蜀國和吳國也沒什麼好辦法，只好先專心國內的政事。首先是立儲問題：曹丕和曹植都是人才，曹操難下決斷。司馬懿與曹丕比較熟，於是開始幫忙，最後曹丕成了太子，對司馬懿更是信任，

曹操整頓了內部，準備統一天下了。他帶著幾十萬大軍開始進攻劉備。司馬懿此時因為屢次獻計而受到信任，在曹操的南征中，司馬懿負責協助曹操，他也沒讓曹操失望，在後勤方面做得非常好，讓曹操沒有了後顧之憂。但是不知是什麼原因，他對人員上的一些建議沒有得到曹操的重視。比如他曾經告訴曹操，荊州刺史胡脩、河南鄉太守傅方都不適合防守邊地，因為兩人都有人格缺陷，一個粗暴無禮，一個驕傲奢華，後來兩人果然因為不滿魏國投向了蜀國。

雖然司馬懿提了很多建議，但基本都是內政上的，司馬懿在一開始並不是一個很好的軍事家，因為他畢竟是書生，沒有接觸戰爭的機會。但是曹操的屢次戰爭，他都在旁邊看著，於是也無師自通地學會了一些軍事理念，在他天才頭腦的學習和分析下，也逐漸的深入到了戰爭中，開始對戰爭有了一些認識。但是曹魏猛將如雲，司馬懿還是沒有任何實踐自己軍事才能的機會。

但沒有機會，也要創造機會試試看。關羽攻打魏國，連續打了幾個勝仗，水淹七軍的計策讓整個魏國震動。曹操心中不安，想遷都。司馬懿勸阻了曹操，仔細地分析了當時的形勢，認為水淹七軍雖然聽起來很美，但是這並不是戰爭的結果，對於整個戰場的形勢也不會有太多影響。這個時候遷都很不理智，是示敵以弱的做法，白白長了敵人氣焰而讓自己的國民不安。想打敗關羽，只要找人動搖孫權，讓他扯蜀國人後腿就行了。反正孫權不會讓蜀國人坐大的。

果然，孫權聽到謠言後，立刻派了呂蒙攻陷了荊州，關羽後路被斷，只好撤退。司馬懿的軍事才能，終於也放射出了光芒。

曹操一直不肯做皇帝，只是做魏王，也許他是不願意背上一個篡國的罪名。但是，他已經打下了這麼一個基礎，曹丕即使想不篡位都難。曹操，也許是在自

欺欺人，但是能給自己一些心理上的安慰，或許也夠了吧！不過，他影響了一個人——司馬懿。

曹丕繼位，隨即當了皇帝，開始大封功臣。司馬懿擔任侍中兼尚書僕射，等於是國家的重臣，相當於宰相級的人物。當了皇帝，曹丕總要顯擺，於是帶人去吳國邊境展示力量。為防止國內動亂，他特命司馬懿為大將軍，處理瑣事。雖然司馬懿上書辭讓，但曹丕還是以讓司馬懿為自己分憂的說法，迫使司馬懿接受了任命。其實，司馬懿這次採取的是以退為進，一方面表達了自己的不求功名，另一方面則表現了自己對皇帝的忠心：一石二鳥。

也許是力量過於強大，曹丕產生了一舉滅吳的衝動，他繼續命令司馬懿守著許昌，並做好後勤工作，自己帶兵渡長江去了，臨走時對司馬懿說了幾句體己話，我重視家裡的事，所以交給你辦。希望你像蕭何一樣，能讓我後顧無憂。衝著這句話，司馬懿拼命了，甚至於累病。

曹丕無功而返，但是後勤方面的沒問題讓他更加信任司馬懿，居然放出了一句話：「沒有我的地方，你全權負責。」司馬懿老淚縱橫，決心以死報曹丕。這時的司馬懿四十六歲。

不過就在第二年，曹丕駕崩，兒子曹叡即位。一幫曹家和夏侯家，或者與曹家有婚姻瓜葛的傢伙，佔據了政壇的中心，司馬懿雖然也是驃騎大將軍，但是受到的待遇已經大不如前。因為很多人嫉妒他，嫉妒他受到皇帝的寵愛，於是想盡辦法整他、讓他不舒服。

雖然有人嫉妒他，但是曹叡還是很信任他。司馬懿在朝廷中，也是一個能夠震懾一方的大員。在這段經歷中，司馬懿鍛鍊了自己的軍事才能。他先後鎮壓了孟達的反叛，收降了蜀國將領姚靜和孟佗帶領的七千士兵。

但是不久，他就要面對自己一生中最可怕的敵人了。諸葛亮在《出師表》後，開始北伐。不過很幸運地，紙上談兵誇誇其談的馬謖丟掉了街亭，諸葛亮只好退兵，司馬懿與諸葛亮的第一次碰撞並沒有上演。只是在之後的一次論戰中，司馬懿表現了對天下大勢的深刻理解，提出了初步的滅亡吳國的方案。如果按照他吸引孫權作戰，並趁虛而入的戰法，也許孫吳就會早一些落入魏國手中。但是好大喜功、不學無術的大司馬曹休因為貪功，導致了整盤計畫的破產。魏國退兵，只能等待下個滅吳的機會。曹休惱羞成怒而病死。但是不久，諸葛亮第二次北伐，第一次出祁山，寇邊。不久，武都、陰平二郡陷落，雍州刺史郭淮前往救

援，被擊潰。

此時的朝廷，正處於大司馬曹休死亡的混亂狀態中，西線大將軍曹真，拼命抵禦了這兩次進攻，雖然取得了全局的勝利，但是曹真很清楚地明白了自己與諸葛亮的差距。雖說《三國志》上評價諸葛亮長於政事，將略並不是擅長的。但是，諸葛亮大謀略上堪稱無雙，在軍事細節上，也僅僅比三國中最強的軍事家差一些些。曹真雖然也不錯，但是比之諸葛亮，簡直就是與皓月爭輝。

但即使如此，曹真也升官了，因為他是宗室子弟，他接替了曹休成為大司馬。而那個直接對抗諸葛亮的差事，就扔給了司馬懿，司馬懿接替了曹真的位置，開始準備對抗諸葛亮。不過在一開始，司馬懿也是惴惴不安，他沒有多少把握對抗諸葛亮，同時還要對抗朝廷中反對他的力量—他太強，以致顯得曹家的人都是白癡，所以很多人不喜歡他，比如曹真。

諸葛亮連續幾次北伐，司馬懿總算見識到了更偉大的天才。如果主動應戰，司馬懿基本上都要吃虧。但是司馬懿也夠聰明，他迅速掌握了蜀國的弱點—缺乏後勤，於是開始做縮頭烏龜，閉門不出，專心等著蜀國糧盡退兵。

這招妙，諸葛亮雖才華絕代，但是架不住士兵沒糧食，只好悻悻而回。但是等到五伐中原，諸葛亮開始屯田，準備解決缺乏後勤補給的問題，與魏國進行持久戰。蜀國大軍屯兵五丈原，與當地農民一起屯田。

不過司馬懿看穿了這背後的計策，仍然堅守不出。他深知，蜀國想屯田，短時間內是無法奏效的。蜀國只要不能迅速地解決後勤問題，他們還是得退兵。司馬懿安心地等，甚至忍受了諸葛亮的百般挑戰、羞辱。諸葛亮派人送了一套衣服，羞辱司馬懿，說如果司馬懿不敢作戰，還是回家做女人，做做女紅也好。司馬懿裝作發怒，假意要上書皇帝請戰。他請戰，是為了安撫手下的將領，因為將領們雖然知道會打敗仗，但是仍然忍不下這口氣。司馬懿上書皇帝，也不過做做樣子，他只想利用皇帝來壓制將領們的求戰情緒。要知道，將在外，軍令有所不受。他真的要作戰，皇帝是攔不住的。

幾天後，司馬懿的請戰表送到洛陽。曹叡不解，在問了手下後，立刻派衛尉辛毗帶著皇命去制止將領們的衝動，由於皇帝下了命令，將領們不敢違反，只好忍氣吞聲。這個做法沒有瞞過五丈原的諸葛亮，諸葛亮長嘆一口氣，對手下無奈地講了原因：「司馬懿根本不想打。他之所以向皇帝請求，是來安將領們的心而已。」

但事已經不可為，操勞過度的諸葛亮不久逝世了。蜀兵撤退。

在這次撤退中，司馬懿試圖追擊。但是諸葛亮佈下的疑陣讓司馬懿放棄了原本的打算，也留下了「死諸葛嚇走活仲達」的說法。但是司馬懿不以為忤，反而認真參觀了諸葛亮的陣勢，留下了「諸葛亮真是天下奇才」的感嘆。

司馬懿胸襟之寬廣，當真天下少有。如果硬要評價出三國英雄，司馬懿當可媲美諸葛亮，並稱雙雄。

因為抵禦了蜀國的進攻，司馬懿升官為太尉。之後司馬懿就不再親自抵禦蜀國入侵了，每當蜀國人打來，司馬懿派出手下迎戰，往往能取得勝利。而魏國也一直向外擴張著，西部和遼東，落入了皇帝的眼中。

首先是氐族國王投降，然後是司馬懿帶兵討伐公孫淵。司馬懿軍事能力已經很高，作戰根本不費力，於是很順利地為自己贏得了軍功。

由於司馬懿功績卓著，曹叡重重地獎勵了他，並親口稱讚司馬懿為皇帝身邊的周公。司馬懿也深深地感動於皇帝的信任，表示要肝腦塗地來報答皇帝。

曹叡死後，宣布曹爽和司馬懿為輔政大臣，輔佐曹芳。曹芳繼位後，立刻命司馬懿都督中外軍事及錄尚書事。司馬懿的權勢，名義上達到了頂點。

但其實不然，此時掌權的是曹爽，一個傻瓜般的人物。

曹爽和他的一半手下，都是曹魏政權的死忠，他們沒有什麼軍事政治本領，但是對政權還是很關心，他們承認司馬懿的本事，但同時也嫉妒不已。為了保證魏國的江山掌握在曹家手中，他們決定打擊一下司馬懿的囂張氣焰。

司馬懿於是穿了不少小鞋子。最重要的是，曹爽明升暗降，剝奪了司馬懿的軍事大權，把他安置為一個名義上很高的太傅官職。

司馬懿忠心耿耿，卻受到了這種待遇，難免心理不平衡。但是此人心機深沉，也沒有太多的不滿表露在外，只是等待著合適的機會。因為他深知曹爽的底細，一個大草包，什麼都不會，不能文也不能武，只會吹牛。

司馬懿在自己的位置上，一直做好每件事，國家清平，百姓樂業。大家都宣揚著司馬懿的功勞，皇帝也更相信他。而掌握了軍事大權的曹爽，也樂得由司馬懿操心國家大事，自己卻能任意地尋歡作樂。

吳國人欺負皇帝年紀小，開始進攻魏國，曹爽一籌莫展，而司馬懿則趁機提出去迎戰，曹爽立刻應允，但是也留了個心眼，只撥出了很少的兵由司馬懿指揮。司馬懿很順利地解決了吳軍，班師回朝，因為軍功，被加封了封地。

後來，司馬懿在主持朝政的時候，趁機掌握了朝廷的一些權力，拉攏了一些人做為自己的班底，準備同曹爽爭奪更大的權力。

由於手下兵少，司馬懿藉口進攻吳國，取得了更多的兵力，同時在對吳作戰中，戰無不勝，打得吳軍潰不成軍。

曹爽很不悅。他雖然沒才，但是也喜歡名聲啊！他不能忍受司馬懿一個人享受軍功，於是帶兵去攻打蜀國。但是他實在草包，大敗而歸，名聲一落千丈。至此，他不再妄想什麼，開始每天醉生夢死，唯一做的就是掣肘司馬懿。在他看來，他不能成功，司馬懿也不能成功。

曹爽先奪走了司馬師的兵權，把統兵權移交給了曹義。司馬懿勸阻曹爽，曹爽不聽。之後，曹爽專權，司馬懿繼續退讓。為了防止曹爽下狠手，也為了迷惑曹爽，司馬懿祭出了自己的殺手鐧—裝病。司馬懿裝病技術爐火純青、登峰造極，他很輕易地就騙過了所有人，開始了私下培養死士的舉動。

曹爽此時正沉浸於司馬懿大病不起的假象中，他更加肆無忌憚，玩樂也變本加厲。趁著皇帝祭祖，曹爽兄弟幾個一同陪著去了。

就在這天，城中兵力空虛。司馬懿命令手下起事。

混亂……

混亂……

大混亂……

結局出來了，曹爽及手下等一百多人被殺。司馬懿，終於權傾朝野。

百官震悚，認為司馬懿要篡位了，紛紛投靠司馬懿。為了博取好處，他們甚至要求皇帝封司馬懿九錫。

九錫。曹操在權力最大的時候，也自封了九錫，一個僅次於皇帝的尊位。

但曹操沒有篡位，所以，為了報答曹魏皇室的厚恩，司馬懿也沒有篡位。

他和曹操一樣把機會留給了自己的兒子。

七十三歲那年，司馬懿死。

十四年後，司馬炎篡位，魏國滅亡，隨著吳國的滅亡，晉朝統一天下。

第二節

口蜜腹劍——李林甫

提到李林甫，必須先說說安祿山。

安祿山，其實不用多介紹，是一個動了唐朝花花江山腦筋的胡人。此人既然敢帶著手下奪取唐朝天下，想必也是個悍不畏死的蠻勇之徒。

他的確是。

此人生來天不怕地不怕，反正他爛命一條，怎麼都是賺的，也不會有什麼心理負擔。即使面對唐朝的天下，他想的也不過是尋找更多的好處和拍馬屁，至於懼怕則完全說不上；朝廷中的其他大臣，安祿山自恃皇帝的寵愛，也不曾怕過。

但唯獨對李林甫，安祿山是極為害怕。安祿山在范陽的時候，整天都會收聽奸細傳回來的朝廷大事。他每次都會問到李林甫，如果李林甫不說什麼，安祿山會長呼一口氣；但是只要李林甫一生氣，對安祿山有不滿，安祿山的小心肝就撲通撲通地跳個不停，手撐著床，臉色蒼白，嘴裡喃喃自語道：「蒼天呀，大地呀，安祿山要玩完了！」然後立刻派人送禮物給李林甫，哄得李林甫表示滿意了，安祿山才能放下心來。

安祿山，一個胡人，怎麼就那麼沒膽色，害怕一個手無縛雞之力的人呢？

李林甫，天下人恨之，但天下人也都怕之。

不怕死的人例外，李隆基例外，楊玉環例外。除此之外，所有人，都在李林甫的獵食名單中。

至於李林甫為什麼要捕獵天下人，且看下文分解。

一・劉備在唐朝

話說那劉備，可是中山靖王之後，漢孝景帝玄孫，端的是天皇貴胄，尊貴無比。只是家道中落，才有今天編屨織席的命運。

李林甫說到底，也是唐朝宗室。他如果學習劉備，也應該這麼介紹自己：李

李林甫

林甫，唐長平肅王李叔良曾孫，唐神堯大聖大光孝皇帝之父的玄孫。

不過李林甫運氣不錯，雖然家道也已經中落，但是李林甫還不至於去織草鞋和賣席子，他還可以憑藉自己與皇帝八百竿子打不著的親戚關係進入宮廷充當禁衛軍。開始他只是一個從七品上的千牛直長，但是在宮廷中，一切都有可能。到了唐玄宗的時候，他既已經因為自己的討人喜歡而升官做了太子中允，是太子的屬官，極受皇帝信任的一個官職。

李林甫能升官那麼快，跟自己的天賦有很大關係。他很小的時候，他舅舅姜皎就特別喜歡他，因為這孩子太討人喜歡了，嘴甜得就像喝了三百碗蜂蜜一樣，話說得圓滑無雙，馬屁拍得讓人欲仙欲死。姜皎喜歡外甥，就想給李林甫最好的機會，升官能更快。姜皎正好與當時的丞相源乾耀是兒女姻親，所以他就讓源乾耀的兒子源潔幫李林甫說好話，想讓李林甫做司門郎中。不料李林甫可能對源乾耀下的功夫不夠，馬屁沒拍好，又或者源乾耀本人就不喜歡別人拍馬屁，於是源乾耀冷冷地丟下了「郎官應得才望，哥奴豈郎中材邪？」的話語，意思就是說李林甫才望不夠，不能夠出任司門郎中，那可是個才氣和名望都不可或缺的官職。

李林甫的心靈受到了巨大傷害，連帶他的舅舅姜皎和源潔似乎都要沒面子了。但是幸好，源乾耀也不願意太過分地得罪親家，就給李林甫安排了一個諭德的職位，來規勸太子做事要符合身分……李林甫馬屁功夫一流，估計將太子「規勸」得很舒服，於是後來升職，成為國子司業，一個國子監中的行政小官。這段經歷比較搞笑，因為李林甫這輩子也沒勸諫過皇帝，他只會拼命地稱讚皇帝聖明；他也沒什麼才華，到國家教育機關擔任職務也更是讓人跌破眼鏡，不過考慮到他的說教水準，似乎也可以理解了。

李林甫不開心，因為整天跟這一幫傻乎乎的太學生在一起，沒什麼油水，也不會有升官的機會。所以他準備走別人的路線來向上爬。他認識了御史中丞宇文融，於是刻意討好，宇文融很開心，向皇帝引薦了李林甫，李林甫成為御史中丞。

李林甫繼續鑽營，不久就陸續擔任了刑部、吏部侍郎，那可是六部的副長官，相當於現在中國國家部委的副部長。在擔任吏部侍郎的時候，吏部準備放出

長名榜，上面洋洋灑灑地列出了留任京城和外放地方的官員名單。李林甫決定利用這個好機會，為自己的未來弄點鋪墊。於是他不顧黨紀國法，開始把這個名單當成了與別人交易的籌碼。

寧王李憲來見李林甫，想讓李林甫在名單中注意十個人，讓這些人能夠首先獲得好處。李林甫立刻答應了，但是另外提出了一個要求：這十個人中必須有一個人被處罰，以顯示自己的公正。寧王自然沒什麼意見。

於是李林甫在發榜之日宣布，有某人道德敗壞，居然擺脫某王爺來說情，因此必須受到懲罰—留到下次冬選，才有機會。這話出來，皆大歡喜，李林甫為自己賺得了廉潔公正、無私為國、不畏權貴的好名聲，同時他還巴結了寧王；寧王的面子也有了著落，自然更欣賞李林甫；升官的十個人則感激李林甫的幫忙……只是苦了那個被挑選出來的傢伙，可憐。

當時，武惠妃獲得皇帝的寵愛，武惠妃的兩個兒子壽王和盛王也子因母貴，受到皇上的喜愛，原太子李瑛卻逐漸被皇上疏遠。李林甫原來是太子的屬官，他怕太子地位動搖後會影響到自己的前途，於是暗中向武惠妃表示願意幫助壽王成為皇帝。這種做法如果洩露，很可能被看做是賣主求榮的典範，為天下人唾棄。

但是李林甫做得很好，他不但什麼危險都沒有，還獲得了武惠妃的賞識。武惠妃為了讓李林甫擁有更高的地位來為兒子出力，於是經常給皇帝吹耳邊風，大大地稱讚李林甫是個才德雙全忠心不二的臣子，皇帝或許以前對李林甫的印象不是特別深，但是經過武惠妃的幾次說話，也逐漸開始對李林甫有了非常好的印象。

李林甫相貌還是挺英俊，有「面柔令」之說，加上他伺候人的功夫實在了得，武三思的女兒、侍中裴光庭的夫人，都被他迷住了。武三思是何人？那是武則天的侄兒，朝廷中很有影響力的傢伙，尤其唐玄宗最寵信的太監高力士原本就是武三思的家臣。裴光庭死後，李林甫想在給裴光庭戴綠帽子的同時，也戴裴光庭的官帽，於是就讓裴夫人去找高力士幫忙。裴夫人曾經是高力士的小主子，她的苦苦哀求之下，高力士是不好拒絕的。但雖然高力士當時已經權傾朝野，但是他平時為人謹慎，在面對選相大事的時候，他也不敢貿然向皇帝提出，只有告訴李林甫繼續等待。

皇帝在中書令蕭嵩的勸說中下了決定，準備任命韓休為宰相，高力士可是皇帝身邊最近的人，馬上就通知了裴夫人，裴夫人轉告李林甫。李林甫雖然失望，但是他隨即找到了更好的辦法，他馬上上書皇帝，推薦韓休為宰相。皇帝龍顏大

悅，認為李林甫很合自己的胃口。而韓休做上了丞相後，並不知道是蕭嵩在皇帝面前推薦，還認為是李林甫大力推薦的結果，於是他十分感激李林甫，反而與蕭嵩有了嫌隙。為了報答李林甫，韓休投桃報李的向皇帝推薦李林甫，說李林甫有宰相的能力。

李林甫這一招可謂高明，自己做盡了好人，沒有費一絲一毫的力氣就讓皇帝和丞相對自己有了巨大的好感。在皇帝和丞相的歡心下，李林甫升官為禮部尚書、同中書門下三品，又成為兵部尚書。這下，李林甫可真的是朝廷的重臣了，宰相中的一個了。

二・奸臣

當時朝中還有幾個非常有名望的宰相：張九齡和裴耀卿。張九齡是唐朝鼎鼎大名的大詩人、大學者，歷來因為自己的才華受到皇帝的尊重，裴耀卿則是張九齡的朋友兼支持者，在政事上皇帝也經常聽從兩人的意見。但是張九齡十分鄙視李林甫的為人和「才華」，在皇帝準備任命李林甫為宰相時，直接面勸皇帝若李林甫為相會讓國家永無寧日。李林甫心中大怒，但是考慮到張九齡的特殊身分，也只能暫時忍下這口氣，等待著機會找回場子。

這個機會很快到來了。皇帝當時因為國家昇平已久而懈怠下來，頗有些沉迷享樂的意思。於是忠心為國的兩位宰相經常規勸皇帝，希望皇上能勤於朝政並沉穩地處理政事。比如在皇太子、鄂王、光王被奸人進讒言的時候，皇帝想廢掉幾人，張九齡立刻言詞懇切地上奏勸說，皇帝雖然知道兩人忠心，但難免也有些不快。而李林甫正好抓住了機會，巧妙地揣測皇帝的心意，向皇帝大拍馬屁，說這事明明是皇帝的家事，某些人狗拿耗子裝什麼，他一副惘然的表情，深獲皇帝喜歡，他同時也時不時找出一些張九齡的短處，在皇帝面前打小報告。而此時的武惠妃，自然更加信任李林甫而討厭其他大臣，皇帝受到影響，對李林甫的觀感日漸增好。

這樣的例子還有很多，某年皇帝準備從東都洛陽返回長安。張、裴等人勸說皇帝到了冬天再返京師也不遲，因為這個時候正是秋忙季節，皇上回去會增加沿途接待的負擔，恐影響農民的收穫。他們告退，李林甫卻故意落在了後面。皇帝

奇怪，就問他原因。李林甫趁機拍皇帝馬屁：「臣沒事，只是有事想上奏。我認為東都和西都就是您的東宮和西宮，皇上您要回去，難道還要等什麼時機？當然皇帝您仁愛，怕妨礙農事，但您可以恩准免除所經過地方的租賦啊！」皇帝聽了十分高興，拍拍屁股就回長安了，現在他知道李林甫可真是一個能幹事的絕妙人才了。

這年，皇帝準備給朔方節度使牛仙客賞賜封地做為獎賞，因為此人在邊庭帶兵理民政績很好。但是按照唐朝的封賞，是不應該有實封的。張九齡於是對李林甫說：「封賞一定要給有大功於國家的名臣，一個邊將即使工作做得很好，就應該那麼迅速地不經討論就封賞嗎？到時你要和我一起據理力爭。」李林甫自然當面滿口應允，但是上朝時，張九齡言辭激烈地反對時，李林甫一個屁都沒放出來，回去之後他還特意暗地把張九齡的話告訴了牛仙客。牛仙客大怒，第二天就「泣且辭」。皇帝覺得沒面子，更加堅持要封賞牛仙客，張九齡卻依然不同意。皇帝心中惱火更甚，李林甫卻趁機說話了：「皇上想任用人才，難道還有什麼限制？莫非要你張九齡同意才行？」皇帝很高興，認為李林甫不專權，更加疏遠張九齡了。

李林甫尚不滿足，對他來說，能徹底地打倒政敵絕對是人生的最大樂事。所以他開始搜集各種證據來對付張、裴二人。張九齡知道自己忤逆了皇帝的意願，心裡也很害怕，再加上李林甫的虎視眈眈，他於是趁著皇帝賜白羽扇的機會，獻上一賦來表達自己的忠心：「苟效用之得所，雖殺身而何忌？」又曰：「縱秋氣之移奪，終感恩於篋中。」皇帝口頭上嘉獎了他的賦，但最後還是在李林甫的讒言下，以張九齡、裴耀卿互為朋黨的罪名罷了他的相職，重用牛仙客。張九齡也就死心朝政，想專心養老。但他曾經推薦周子諒做監察御史，周子諒劾奏牛仙客的時候用了讖書的語言。皇帝大怒，先杖責周子諒並流放之，周子諒死在途中。張九齡則因推舉的人出錯，也被貶為荊州長史，裴耀卿也有同樣命運。

當初三宰相在位的時候，張、裴兩人居左右而李林甫在中，李林甫桀驁不相讓，眉宇間顯露了心中的興奮。旁觀者偷偷地評價說：「一鵰挾兩兔。」後來裴耀卿、張九齡罷相，李林甫嘻笑自若：「現在還有左、右丞相嗎？」說話的時候，目露凶光，看到的公卿都骨顫而不能說話。李林甫當上了中書令後開始進讒言，皇帝於是殺掉了皇太子、鄂王、光王三子，天下人都為三人感到冤枉。但是朝廷中畢竟不缺少拍馬屁的昧良心傢伙，大理卿徐嶠就是這麼做的，他上書說：

「大理獄以前殺人多，殺氣盛，鳥雀不敢棲息。今年刑部判的死刑一共五十八件，烏鵲也落戶大理寺了。好事啊！」在群臣恭賀皇帝威德無量的時候，皇帝居然把功勞推給了李林甫和牛仙客。

皇家三子死，皇帝決定重新立太子。李林甫揣度皇帝的意思，覺得壽王機會挺大，於是屢次說壽王的好話，武惠妃很高興，因為李林甫守諾言。可是李林甫居然也有失手的時候，皇帝更喜歡的是忠王，最後壽王沒當成太子。而新太子與李林甫的關係並不是很好，李林甫擔心太子繼位後清算自己推舉壽王的老帳，也恨自己的意見沒被接納，於是在表面上與太子妃的兄長韋堅交好。他把韋堅提升擔任要職，但是暗地裡陷害他，想以太子妃家人犯法的事實來動搖太子地位。但是太子也不是省油的燈，居然殺掉了太子妃來表明自己的清白，李林甫計低一籌，只得另想辦法。

杜良娣是太子最喜歡的妃子，但是她的父親杜有鄰與女婿柳勣不和，柳勣陰險狡詐，投靠了李林甫，李林甫隨便構陷了杜有鄰謀反的消息，把他抓來賜死了。為了抓「同黨」，李林甫大肆收捕了、李邕等他一向疑忌的傢伙一塊株連殺掉。他還想構陷太子，但太子又棋高一著，把杜良娣休掉，成為庶人。

李林甫既然已經做了初一，十五也不得不繼續做下去。事情到這種地步，不是太子死，就是李林甫完蛋。

李林甫指使濟陽別駕魏林誣陷河西節度使王忠嗣欲擁兵立太子。皇帝不信，但還是把王忠嗣訓斥了一頓。李林甫於是落井下石：「太子一定也知道他的陰謀。」皇帝到底不傻：「我兒子一直在宮中，怎麼有時間與外人勾結？這是誣陷。」李林甫對太子的屢次陷害都沒有得逞，只好使出了殺手鐧：「古代立儲君，以賢德為重。如果一班人對宗稷沒有巨大的貢獻，那麼就要立大兒子。」皇帝也不好說什麼，只好推三阻四地說：「（大兒子）慶王以前打獵，被豹抓傷了面，儀表不是很合適。」李林甫雖然沒學問，大道理倒是挺多：「破面總比亡國好。」皇帝有些疑惑，但是觀察到太子謹孝，內外都沒有壞說法，最終還是沒有受到李林甫的欺騙。

李林甫一向善於體察皇帝意思，而皇帝年紀也大，不願意看奏摺，只想直接聽大臣的上奏。等到李林甫出現，皇帝十分信任他，在任用上沒有一點疑慮。李林甫也用各種辦法來吸引皇帝，最終使得皇帝深居宮廷，不再專心國事。李林甫掌握了大權後，還是經常來奏請皇帝表達忠心，但是他每次來奏請，都會收買皇

帝左右，仔細體察皇帝的喜、怒、哀、樂，以便鞏固自己受到的恩寵。皇帝身邊的人，從高貴到低賤，甚至到饔夫和御婢，李林甫都待他們很寬厚，因此也極清楚天子的喜好動靜。

李林甫秉性陰沉細密，殘忍好殺，平常愣著臉，很不容易知道他是喜是怒。他雖然面目柔和，剛看覺得很親切，但是交往多了就知道此人心計太深，常人根本不能揣度他的心意。因為如此，拍馬屁的公卿們如果不依附他，一定會被定罪流放；如果附和他，即使是小人也會被看重。跟李林甫同時代的政治家裡，張九齡、李適之都遭到排擠流放；楊慎矜、張瑄、盧幼臨、柳升等數百人被殺。王、吉溫、羅希奭等人是李林甫的爪牙，屢次興起了大獄，禍害天下。李適之的兒子霅曾經想請人吃飯，於是備好了盛宴，召請賓客。但是天下人害怕，盛宴擺了一天都沒一人來赴宴。

安祿山為什麼會怕？

在原范陽節度使裴寬升為戶部尚書，留下空缺的時候，大臣們紛紛推舉繼承人。李林甫大大地讚美了安祿山，安祿山於是成為節度使。唐朝邊帥一般用忠厚的臣子，立功多了就可以入中央為宰相。李林甫擔心有名望的大臣因為軍功而拜相，會對自己不利，於是想避免邊帥入相。他就建議用不識文墨的胡人以便控制，這樣就保住了自己的地位。

安祿山運氣好，被李林甫看中，而成為節度使。但一開始，安祿山自恃戰功和皇帝寵愛，對李林甫有些傲慢。於是李林甫召了御史大夫王洪來見他。王洪在安祿山心中高不可攀，皇帝寵信、家中有錢、官兼二十餘使，可謂高官。但王洪在李林甫面前卻是畢恭畢敬。

安祿山看到一切，心中驚恐。李林甫又表演了一下「揣其意，迎剖其端」的本領，安祿山更是害怕到了極點。之後他每每看到李林甫，都恭敬非常，且一身冷汗。李林甫再略施小計，說了幾句好話，安祿山就被感動得不行。

當他回到范陽，在手下彙報的時候，如果聽到李林甫心情好，安祿山就長呼一口氣；但如果聽到李林甫生氣，特別是對安祿山本人有不滿，安祿山就驚慌失措，自覺必死無疑。

三・巨奸

李林甫家裡有個像偃月般的月堂。每當他想整某個大臣，就住在裡面，尋找靈感，尋找中傷大臣的理由。如果他高高興興地出來，那個大臣就將家破人亡。李林甫兒子李岫擔任將作監，看到父親權勢薰天，心中不安，於是經常陪著李林甫在後花園走動。一次，他跪涕說：「父親大人居高位很久，得罪了不少人，一旦災禍到了，連平常人都做不了啊！」李林甫悶悶不樂地回答：「勢已然，可奈何？」

是，李林甫已經騎虎難下了。下，馬上會被仇人整死。他只有死抗，將自己滅亡的日期向後推。

他必須保證皇帝只信任他一個人。所以他開始與所有大臣的殊死搏鬥，凡是有人受到皇帝的寵信，都會遭到李林甫得格外關照。

李適之，左相，精明強幹，但有時比較粗俗。李林甫告訴他說華山有金礦，開採出來可以大大增加國家的財富，但是皇帝不知道。李適之立刻進奏皇帝，但是李林甫雄辯地指出：華山是龍脈，開山不祥。皇帝更加喜歡李林甫的忠心，責備李適之不知大體。李適之鬥不過李林甫，為了保命，馬上辭去了左相位。

李適之辭職，李林甫推舉一個只知道唯唯諾諾聽從李林甫命令的陳希烈為左相，從此，李林甫大權在握。他需要的，只是一些無能的、會聽從自己命令的、拍自己馬屁的小人，他嫉妒所有有才華的人，甚至是美男子。

兵部侍郎盧絢風度翩翩，皇帝很欣賞他。李林甫嫉妒，找來了盧絢之子，說盧絢素有名望，皇帝要派他去管理交、廣兩州，如果盧絢不想去，就告老回鄉吧！盧絢為了保命，也上書皇帝，說自己年老不堪用，皇帝還沒說什麼，李林甫就趁機把盧絢貶為華州刺史。盧絢到任，李林甫又找了藉口，把盧絢的官職又降了幾級。

當時皇帝下詔，讓普天下有一藝之長的人到宮中來，如果滿意，就封官。李林甫怕有人見皇帝的時候說他壞話，就建議說：「士皆草茅，未知禁忌，徒以狂言亂聖聽，請悉書省長官試問。」然後他暗示御史中丞，讓所有人都沒選上。李林甫居然還恭喜皇帝，說所有人才都在朝廷了，民間沒有遺留的人才。皇帝大喜，李林甫也大喜。

為了防止意外，李林甫學習趙高。他喊來了所有諫官，開始講道理：「皇帝

賢明，不需要上諫。那些用於儀仗隊列的馬匹，只要不出聲，就能有上等的糧草飼養；但只要牠叫一聲，連皇家的馬都做不成。這以後，馬即使不叫了，也絕對不會再次入選。」諫官杜璡不信邪，繼續上書皇帝，被貶。天下人萬馬齊喑，無敢上書者。

但是對皇帝，李林甫忠心耿耿。皇帝的所作所為都很不像話，李林甫不是一言不發，就是大加讚賞。此人卑鄙無恥，可謂登峰造極，天下第一！他甚至為了迎合皇帝，不惜拿天下為魚肉，任意壓榨以滿足皇帝的需要，皇帝高興之際，對李林甫的褒獎也到了極點，他對高力士說：「朕不出長安近十年，天下無事，朕欲高居無為，悉以政事委林甫，何如？」

好一個「悉以政事委林甫」！

皇帝大概不知道，我們的李林甫過得很苦。他結怨太多，無時無刻都擔心遭人暗殺。他惴惴不安，每天都帶著百餘人做左右翼保護自己，前後也都有人在數百步外保護，他所過之處，任何人都必須走避。就算是在自己家裡，他也要嚴加防範，甚至是對自己的家人。

任何人都受不了他了，他的家人、他的朋友、他的黨羽、他的敵人、天下的百姓、邊地的節度使……

天下之公敵，李林甫可當之無愧。另外有一處錯誤，李林甫沒有朋友，所以他的朋友永遠不會出賣他。

最後，他一手扶持起來的陳希烈，一個沒用的男人，居然也反戈一擊，李林甫終於罷相。

就這樣，一個「無學術，發言陋鄙，聞者竊笑」的傢伙，居然在大堂的相位上待了十九年。也正是這十九年，真正地把一個偉大的帝國帶入了滅亡。

只是，這一切，都是李林甫的過錯嗎？

唐玄宗逃到四川避難，給事中裴士淹隨行。當時肅宗已經繼位，玄宗為太上皇。肅宗任命宰相時，總會向玄宗彙報。玄宗便品評宰相。談房琯為將，玄宗說：「此非破賊才也。若姚元崇在，賊不足滅。」說宋璟，玄宗認為：「彼賣直以取名耳。」評價了十幾人，都很恰當。當談到李林甫時，玄宗說：「是子妒賢嫉能，舉無比者。」裴士淹好奇，問：「陛下誠知之，何任之久邪？」玄宗沉默沒有回答。

皇帝不願意承擔治理國家的責任，沉醉於享樂，把政權交給自己信任的大

臣，並放任他們為自己的享樂絞盡腦汁，使所有權臣能夠獲得權力的最主要途徑。

權臣之禍，根在皇帝！

雖然李林甫死後被戮屍，但是他造成的災難，卻是整個大唐都承受不起的。

就在李林甫死後三年，安史之亂爆發。李林甫舉薦的安祿山，向唐王朝，舉起了彎刀。

大唐的餘暉，無比燦爛、絢麗。那血色的天空，無限優美—那真的是用大唐子民的鮮血染紅的。

四・李林甫的祕訣

當李林甫牽出一頭鹿出來的時候，你要高呼：「好漂亮的一匹駿馬啊！」

這是自保之道。

李林甫不會公然指鹿為馬，但是對於不附和自己的人，是從來不憚於暗地裡送小鞋子的。

當李林甫讓你仔細欣賞這頭鹿的時候，你要把「這匹馬」誇獎成南極仙翁在地球上一流的坐騎，只有皇帝和李林甫才配乘坐或者吃掉「這匹馬」。

這是馬屁之道。李林甫不在乎你說的內容，只在乎你說的形式。

當李林甫要求你為這頭鹿寫一篇文章時，你要能寫出洛陽紙貴的《白馬賦》，實在不行，也要湊出分辨馬匹的《馬經》。

這是晉升之道，把自己的無恥標榜出來，以獲得李林甫的信任。

你一定要認李林甫為親戚，這是血緣之道，保證了有人在官場上照顧你。

……

李林甫的本領其實很簡單，但是能把這些本領用得恰到好處，實在很難。綜觀歷史，能做到李林甫境界的，當真是再無敵手。

第三節 老而不死——蔡京

一・老賊與不倒翁

老而不死，是為賊也。

蔡京長壽，年至八旬方死，是為老。

蔡京「德高」，天下咸望之死。蔡京不死，宋難未已。

蔡京死，天下人不樂。何也？國破如此，不可收拾。

蔡京雖不能獨享禍害宋朝的全部功勞，但是其功之巨，當真唏噓難數。

天下六賊，蔡賊居首。

太學生陳東不顧生死，向天下發表了《誅六賊》，要求皇帝處死六個罪大惡極、人皆恨不能生啖之的「人才」。一時間，應者雲集，朝廷、鄉閭、士林，人心浮動。

為了統治需要，宋欽宗在朝廷和民間的雙重壓力下，宣布將王黼、梁師成、李彥等三賊斬首，蔡京、童貫、朱勔等三賊被貶官流放。這等重罰一出，也沒有堵住天下人的嘴。大臣們繼續上書，要求皇帝加重懲罰措施，他們陸續揭發了童貫、朱勵以及蔡京父子的種種罪行，其惡難書。皇帝欲不殺之，天下不靖。萬般無奈下，帝壯士斷腕，命御史趕到流放地處死童貫、朱勔、蔡攸、蔡絛。但是本篇的主人公蔡京，則繼續了自己的不死生涯，只是被貶到了廣東安置。那時的廣東，蠻荒之地，萬千人入粵，三兩人歸家。

果然，蔡京死在了那裡─不倒翁，也有那一天。

二·不倒族

熙寧三年，蔡京吃上了皇糧。苦讀詩書經義策論的他，終於成為大宋朝的進士。那個時候，蔡京只有二十四歲，一個風華正茂、躊躇滿志的年紀。

至於蔡京的童年生活，我們實在是無法考證了。向來以卷帙浩繁而稱冠中國二十四史的宋史，對此也沒有多少記載。在《宋史・奸臣二》中，蔡京就在熙寧三年突然出現在大宋朝的官員名冊中。

按照宋朝制度，進士是可以外放任小官的。於是蔡京先調任了錢塘尉、舒州推官；熙寧末年，他因為在地方上做出了一些成績，於是被調回京城，擔任了流內銓、崇文院屬官等中央的小官。再後來，蔡京繼續升官，做了權檢正禮房公事、檢正戶房公事、權提點開封府界諸縣鎮公事、考功員外郎、起居郎等官職。元豐六年，蔡京被任命為恭賀遼道宗生日的使者，前往遼國祝賀遼主壽誕。回來後，蔡京因功拜為中書舍人。

他的弟弟蔡卞，此時已經是舍人，職位比蔡京還高。但是按照宋朝的慣例，上朝的時候是要按照官位大小，而弟弟的職位如果比兄長高，就會先入。為了尊卑大小，蔡卞上書皇帝，請求自己在兄長後面上朝。面對「一家兩英才，結伴入朝廷」的局面，帝龍顏大悅，日後對此兩人都極為看重。不久之後，兄弟兩人就同掌朝廷詔書、皇命的下發和封駁，簡直就是雙子星。為了嘉獎兩人，皇帝很快任命蔡京為龍圖閣待制、權知開封府。

權知開封府，相當於現在的北京市市委書記，也就是中國中央政治局常委的職位了。能夠擔任這個職位者，只能是皇帝信任的人。雖然這個職位似乎不是中央級別的，但是論及影響力，卻是不遑多讓。自此，蔡京立刻就開始了向中央更核心位置挺進的努力。

大宋的朝局，正處於危機中。先前朝廷的改革已經進行了一段時間，但是並沒有收到意料中的效果，反而受到天下人的反對。在朝廷中，主張變法的新黨和主張遵循祖宗之法的舊黨的鬥爭持續了好久，沒有任何緩和的跡象。而支援變法的宋神宗的死去，更讓這一鬥爭達到了一觸即發的狀態。神宗死時不到四十歲，正是精力最好的時候，因此根本就沒有立儲的想法。於是神宗駕崩之後，國家必須要弄出一個皇帝來。

蔡京

當時的右相蔡確、左相王珪和門下侍郎章惇宣布，神宗的兒子趙傭將是未來的皇

帝。蔡京在此次事件中支援趙傭，算是一個有功之臣，他因此也逐漸站穩了腳跟。但是，現在宋朝的主要問題是新、舊黨的黨爭問題，皇帝是誰似乎倒變成不是那麼重要的事了，特別是對那些更看重權力地位的人來說。

守舊派的首要人物司馬光很快秉政，成為最高的執政官—門下侍郎。他立刻宣布，王安石時期推行的募役法廢止，差役法恢復，各地必須在五日之內完成舊法的恢復。當時，朝廷中的其他重臣正在討論募役法與差役法哪個更適合；各地方的官員也都在抱怨著恢復差役法的時間太短；只有蔡京，在開封府，司馬光的眼皮子底下，用了五日時間就恢復了差役法。司馬光在蔡京前往政事堂陳述自己的成績的時候，親自誇獎他道：「使人人奉法如君，何不可行之有。」他的「雷厲風行」，立刻被拿來做了表率，成為各地方官必須效仿的對象。

但是，蔡京的真實面目就在這段時期內露了出來。他被人控告，罪名是「挾邪壞法」，意思就是在為官的時候處事不方正，對國家法例律令的權威有損害，亦即貪贓枉法。由於證據確鑿，司馬光為了維護舊黨內部的團結，也為了保證國家律令的權威性和保證官員的清廉，不得不對蔡京做了處罰，但是處罰的結果讓人很疑惑：「出知成德軍，改瀛州，徙成都。」真定府，是河北重鎮，真定知府，同時是真定府路安撫使。此次奉調出京，名義上是因「挾邪壞法」而受處罰，實際上最多是平調。某些舊黨就很清楚地表達了自己對司馬光這種處罰措施的不滿，丞相「特加獎助，授以名藩」，「何也」？他們強烈要求司馬光立刻對蔡京進行停職審查，只有當「挾邪壞法」的罪名真正落實了，才能繼續擔任高官。但是司馬光為了樹立與新黨不共戴天的形象，更兼表示對舊法恢復的強硬態度，還是繼續讓蔡京留在高位上。

因為受到司馬光的庇護，蔡京又陸續擔任了江、淮、荊、浙發運使和揚州、成都知府等地方職務。這些官職，都是宋朝非常重要的地方的最高行政長官，蔡京在這些地方的經營，無疑為自己鋪下了豐富的人脈，進而為以後的積蓄高升打下了極好的基礎。蔡京本身並不廉潔，在地方的時候，他就有很多的擾民行為，他對官員的管理也非常鬆弛，並不重視吏治，他所重視的，只是推行當政者的政策，或許當政者的注意和支援。為了能獲得更多人的支援，蔡京對下極鬆，放任手下為了完成上頭交付的任務而橫行鄉里、受賄勒索無所不為；他本身也大力收取錢財並送到中央高官手中，獲得他們的歡心。

但是不得不提到的一點是，蔡京本身對新、舊黨的立場並沒有很強的傾向性。在他來說，能獲取更多的利益是他的最大追求。他有時支援新黨政策，有時力行舊黨方略，所有的一切都只是隨著政事堂的執政任務的政治派別而變。誰當政，蔡京就支援誰。

當然，由於最高統治者對變法的決心的強弱不同，新、舊黨往往在某一段時間內佔據相對優勢。蔡京在此時就煞費苦心，他不知道自己究竟該把寶押在哪邊。因為自己的過分熱心，他在很多時候都受到了雙方的攻擊。在新黨當政的時候，蔡京固然支援新黨，並有衝鋒隊式的表演；但是當舊黨打倒新黨時，一定會對蔡京進行清算，蔡京被貶也就成了必然；蔡京往往又因此而專為支援舊黨，舊黨執政一時高興，也就把蔡京提回了京城，做為一個幡然悔悟並有突出推行政策的官員典型來加以宣揚；可是新黨還是會復辟，蔡京就只好繼續倒楣，並繼續自己的變色龍生涯。

前面說到蔡京支援司馬光罷募役法，他的表演是最搶眼的，也因此得到了飛黃騰達的機會。但是等到支援舊法的高臺死去後，想完成自己父親神宗改革遺願的哲宗即位時，新黨又重新佔據了政事堂的主要職位。此時的新黨第一號人物章惇成為左相，他一直想改革差役法，並盡量恢復募役法。但是由於害怕舊黨的掣肘，章惇一直猶豫不決。蔡京此時已經是戶部尚書。在章惇設置機構討論差役法改革問題的時候，蔡京毅然拋出了「取熙豐舊法施行之爾，何以講為」的說法，勸章惇直接用募役法，不必再傷腦筋改動舊法了。章惇大喜，認為蔡京回頭是岸，是一個勇於自我批評並為國為民的改革有識之士。他立刻重用蔡京，這個「最積極恢復免役法者」的官員。由於蔡京的兩面三刀的表演不過在幾年之內，因此天下人都知道這個人的嘴臉了。

但是升官靠的不是民主，是上司。好事成雙，蔡京的弟弟蔡卞成了尚書右丞。在大家都給面子的情況下，蔡京升官了，現在他是翰林學士兼兼侍讀、修國史。

之後的文及甫案，蔡謂上告劉摯、梁燾有謀反之心，蔡京抓到了內侍張士良，命令他交待事狀。後來就直接以大逆不道的罪名誅殺了劉摯、梁燾，他們的子孫也被抓去坐了牢。蔡京得意洋洋，以為自己憑藉這個功勞可以成為執政了，但是當時樞密院的老大曾布很忌憚蔡京升官太快，只升他做了翰林學士承旨。

天妒英才，銳意改革的哲宗病死時年僅二十五歲。宰相章惇想立一個能撐得起局面的皇帝，但是被神宗的向皇后駁回，曾布、蔡卞等人提議的端王趙佶，成

為了皇帝。而之前認為端王「輕佻不可以君天下」的章惇，立時陷入了很不妙的境地。

曾布一向疑忌蔡京，他上臺後立刻排擠蔡京，把他送到了太原當知府。蔡京心中不忿，指使蔡卞上奏，大呼章惇在打擊蔡京。向太后因為蔡京有擁立之功，於是命宋徽宗（端王趙佶）下詔，令蔡京繼續留在開封修撰國史。曾布見蔡京還能留在京城，心中不安，轉為攻擊蔡卞，說蔡卞結黨自重，朋黨佈朝野。如果蔡卞因此被黜，蔡京也就沒有靠山，也就不會威脅自己的地位了。曾布的計畫得逞了，執政蔡卞、宰相章惇被攻擊後出任地方官，蔡京也被放到江寧當知府去了。不過蔡京也是個狠角色，他故意拖延不赴任，結果被降為提舉杭州洞霄宮的閒差。

杭州是個好地方，因為這裡有個明金局，是宋徽宗設立專門收集古字畫的機構。徽宗把自己最崇信的宦官童貫，派到了這裡。說到童貫，那也不是一般人，在當時就是炙手可熱、與蔡京一同為天下人唾棄的「神仙」般人物，可褻玩而不可遠觀。此人愛財，所以很多人都走他的路子，給他送上無數的金銀財寶，他在皇帝面前說上幾句話，絕對是最好用的內官。蔡京看中了他，開始投其所好。錢財、珠寶、馬屁，一個都不能少。童貫此人雖然也見過大世面，但是在蔡京的無雙馬屁下，還是沒能承受住考驗。他很快樂不可支地把蔡京視為平生知己，在皇上面前大說好話。

蔡京也不是全部靠童貫，他根據宋徽宗的喜好，請童貫進呈自己的書法作品，而皇帝身邊的其他人如皇妃、近侍等人也都得到了蔡京親自書寫的條屏、扇面和財物之類的東西。大家看到這裡，一定要記住，認真練字也是當官的一條捷徑。就現在而言，寫得一筆好字、編得錦繡文章的祕書，升官直入飛機。

童貫在宋徽宗面前賣力推薦了許久，除此之外那些收到好處的皇妃、近侍也一致的稱讚蔡京為治世之能臣、忠心之走狗。眾口鑠金下，宋徽宗重新開始寵信蔡京。蔡京很快成為定州知州，宋朝的大州之一的最高行政長官。

正在爭權中的曾布十分迫切地需要一個有力的助手，於是想拉攏蔡京。於是不久之後，蔡京又繼續升任大名知府兼北京留守，迅即又任翰林學士承旨。蔡京沒有忘記曾布的「恩典」，先幫曾布取得了鬥爭的勝利。曾布高興之下，又升蔡京為尚書左丞。但是蔡京以德報怨的衝動始終沒有消除，他指使自己的黨羽百般攻擊曾布，很快讓他罷相。

朝廷中的老虎，全部自相殘殺完畢。偉大的猴子同學蔡京，正式開始了塗炭宋朝的輝煌生涯。

新官上任三把火，如果這幾把火能給自己帶來好處，那就更得燒了。蔡京早在之前就已經敏銳地認識到「新法」能給自己帶來的好處，他也曾經親身體驗過，那次被大臣告狀的「挾邪壞法」的罪名，並不是白給的。他把所有能想到的搜刮民脂民膏的法案都弄了出來，冠上「新法」的名號，光明正大地牟取私利。他以再現神宗改革為旗號，先大大封了自己一個高官，再在顯謨閣為熙寧、元豐的變法之臣繪像，還把王安石提到配享孔廟的尊位。為了能夠同樣地配享孔廟，獲得千年不易的地位，蔡京自認為是王安石的「繼承人」。但是他的嘴臉，白癡也能看出來。

既然支援新法，自然要打擊舊法。蔡京當政以後，對以司馬光為首的保守派進行了打擊，當然，把一些不同政見的人也放到保守派的陣營中加以迫害，也是蔡京最喜愛的工作。他把朝廷中的大臣按照自己的意見分為正、邪兩個陣營；正，當然是依附自己的陣營，分上、中、下三級；邪營的人，全部都是自己不喜歡的人，他們分邪上尤甚、邪上、邪中、邪下四級。順我者昌，列入正等的升官；逆我者亡，列入邪等的貶降。他還竄掇徽宗親自書寫了一批「奸人」的名字並刻石於端禮門。司馬光等保守派大臣的子弟也都不能在都城任職。

蔡京深深地知道自己的權勢來自於哪裡，他的工作就是為了保證這個來源的穩固。於是他想盡辦法來教唆宋徽宗享樂：先是大興土木，把宮室妝點得金碧輝煌、無與倫比；然後再鑄九鼎來顯示自己對天下的擁有—精神自慰法的最明顯案例；九鼎尊貴，自然要修建九殿來安置；宋徽宗的偉業驚天動地，前無古人後無來者，一定要用八寶玉璽來顯示天縱之才；宋徽宗本來崇奉道教，是有名的神霄玉府真主宣和羽士虛靜道君皇帝，為了迎合皇帝的這種信仰，蔡京支援皇帝大修道觀。自從蔡京掌權，直到北宋滅亡，皇室進行的窮奢極欲的建造工程沒有一刻停息。做為國家中心人物的尚書右丞，蔡京起到的不是勸阻皇帝的作用，相反地，他只是在蠱惑和教唆。宋徽宗亡國亡身，蔡京功勞當稱第一。

「花石綱」，《水滸傳》中提到的青面獸楊志丟官的禍首，也是蔡京弄出來的花樣。東南各地的奇花異石珍禽異獸都要用運糧的船運往都城，供應皇家園林及達官貴人的府第，讓貴人們在「百忙中」獲得休息的機會。當然，這不過是蔡京用來弄錢的好辦法，誰家有錢，就一定有「花石綱」，誰有「花石綱」，就得

獻出來，但是只要拿錢，自然可以不獻。這種辦法，讓原來富庶無比的東南地區許多富貴人家傾家蕩產。至於錢財呢？

「錢財啊，你們在哪裡？

錢財啊，在蔡丞相的腰包裡。您沒看到，蔡丞相的府中，那餵豬的糯米。」

哪裡有壓迫，哪裡就有反抗。農民起義很快就爆發了。值得指出的是，宋朝是歷史上農民起義最少的朝代，民間尚文的風氣極重。能迫使民風溫軟的南方人起來反抗朝廷，蔡京的本領可謂獨一無二。

內部混亂如此，外敵豈能放棄機會？金國垂涎於宋朝的富庶，無視於宋朝孱弱的軍備，開始了滅亡宋朝的戰爭。蔡京此人對內威風無比，對外卻是草包一個。他只知道求和、滿足金兵的要求、繼續求和、繼續滿足金兵的需要……於是在他正式入主中樞二十年後，北宋滅亡。

當然，蔡京的政治生涯也不是一帆風順的。他曾經四度罷相，但是又屢次東山再起。這不能不說是一個偉大的奇蹟。在政治鬥爭你死我活水火不容的局面下，蔡京能保住自己的性命並能夠維持重新崛起的形勢，實在是一個不可多得的政治天才。

但是，這種政治天才，中國越少越好。

宋徽宗在位的二十六年，蔡京陸續當了十八年宰相。他勾結了童貫、梁師成、李彥等人，橫行天下、禍害朝野，「六賊」的稱呼，果然名不虛傳。

報應來了，金兵打到了汴梁城。蔡京立刻就帶著自己的身家性命跑路了。這種做法，強烈刺激了皇帝和那些沒來得及跑的大臣，於是蔡京受到了極為嚴厲的處罰，並最終因為被流放、身老體衰而死在了南方，時年八十。

三・評價蔡京

「京天資凶譎，舞智禦人，在人主前，顓狙伺為固位計，始終一說，謂當越拘攣之俗，竭四海九州之力以自奉。帝亦知其奸，屢罷屢起，且擇與京不合者執政以尼之。京每聞將退免，輒入見祈哀，蒲伏扣頭，無復廉恥。燕山之役，京送攸以詩，陽寓不可之意，冀事不成得以自解。見利忘義，至於兄弟為參、商，父子如秦、越。暮年即家為府，營進之徒，舉集其門，輸貨僮隸得美官，棄紀綱法

度為虛器。患失之心無所不至，根株結盤，牢不可脫。卒致宗社之禍，雖譴死道路，天下猶以不正典刑為恨。」

——《宋史 蔡京》

蔡京，天資聰穎，善於用自己的智慧來指揮利用別人。在皇帝面前，他做的所有一切都是投皇帝所好，進而鞏固自己的地位。他在高位的時候，窮盡天下的物力，只為了滿足自己的需要。皇帝雖然知道這個人是大奸臣，但是還是屢次在罷免他之後又重新任用他。當然，皇帝也選擇了一些與蔡京政見不同的人執政，以掣肘蔡京。蔡京沒有品德，每當聽到自己要被罷免，就求見皇帝，用頭搶地，表現得極端無恥。他的兒子、兄弟也都如自己的品行，為了私利而不顧親情，有的時候甚至相互攻擊，至死方休。蔡京年老，因為地位高，就不再上朝，把自己的家當作處理公務的地方。於是鑽營的小人時常出入於他的家，送給他鉅額的財貨、美麗的女子做為交換做官的籌碼。這種做法，嚴重損害了宋朝的綱紀朝律，對於民風的敗壞，是最難根除的。蔡京害怕失去地位，於是努力建立自己的權勢網路。在他當政的十數年間，黨羽遍佈朝廷，皇帝因此不能輕易對付他。

後來蔡京終於死了，但是天下人的憤怒並沒有減輕。大家都只有一個希望：此人應當受到大宋刑法的處罰，才能正綱紀。

但是蔡京已經顧不了那麼多了，因為他享盡了榮華富貴後，安然地躺在了棺材裡，完全不知身後罵名如何。

「爾曹身與名俱滅，不盡罵名滾滾來。」

「我死後，哪管洪水滔天。」

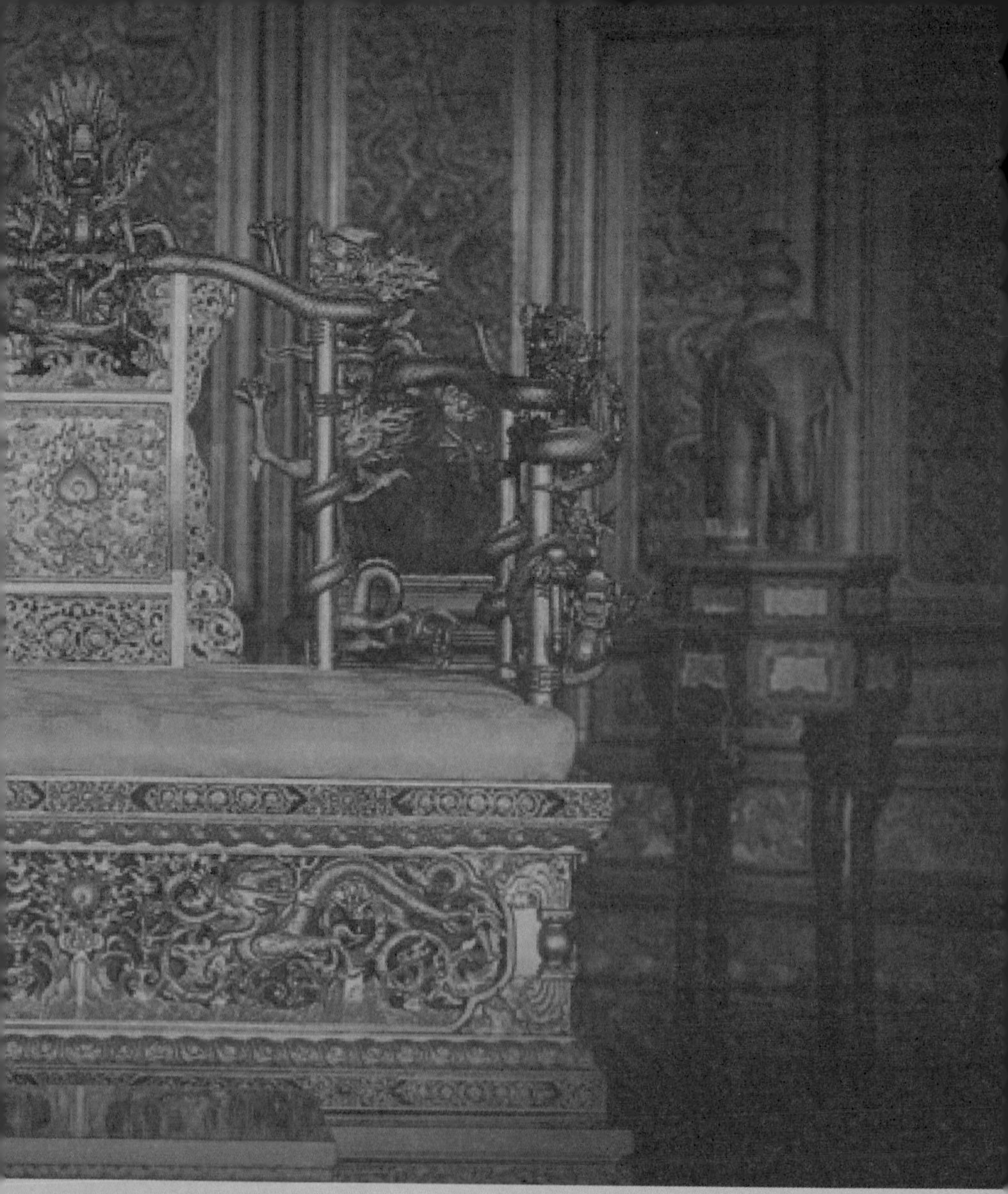

後記

在前言中，我講了一個故事。

雖然那故事聽來頗為不雅，但的確是人的寫照。每個人都會有對權勢的渴望，因為權勢能夠給自己帶來最迫切需要的東西。在張老漢看來，他最渴望的是給土地上肥獲得好收成，因此他需要糞。糞就是他最大的追求，至少在現階段。

類比一下，張老漢如果是一個縮影，那麼他渴望壟斷的糞，就好比那人人都想要的權勢，於是，人們就都是「逐臭之夫」了。

張老漢得到一坨糞的喜悅，就好像那人類得到了權勢的喜悅一樣。得到糞愈多，喜悅愈大；得到的權勢越大，喜悅也會變得更大。早起撿糞的人滿路都是，爭奪權勢的人成千上萬……

但大家起床畢竟還是有早晚的，撿糞的分量也是很有差距。有這麼一種人，他起得最早，撿糞也就最多，但是仍然不滿足，他仍然會仔細地搜尋每一坨糞，即使自己不能帶走，他也會在上面標上自己的記號，用一個圈和一根草來顯示自己的所有權，提示他人要守規矩，不要再妄圖伸手。於是，他可能是那天、那個村子、那條大路上，最成功的糞便壟斷者。

再比較一下皇帝。皇帝因為自己的努力或者祖先的努力，在一開始就有了最大的優勢—這相當於起得最早的撿糞人。荒地可以支配天下，他於是也把世間的美女、財富和榮耀都看做是囊中物。凡他所看到的，都要打上皇家烙印。這樣就避免了別人因為不清楚而帶來的動皇帝乳酪的危險。皇帝也像撿糞人一樣，開始畫標記。不過他畫的圈，就是一條律令；他插的一根草，就是持著刀槍劍戟斧鉞鈎叉的士兵們。

糞旁邊的圈圈草草們有形，且有道德上的約束；權勢旁邊的律令和刀槍，或有形或無形，卻有法律上的限制。守法有德的人自然不會動，但是那些奸詐狡猾的野心家們呢？

野心家們想到的是，皇帝是能行使所有權勢的那個人，於是，如果能成為皇帝，那麼，無疑就有了權勢；有了權勢，就有了快樂的生活……

所以，皇帝的位置，值得任何人去覬覦。

但是起床最早的人只能有一個，皇帝也只能有一個。

於是，大家在爭執不下、戰爭不已、精疲力盡或者壓力過大的情況下，不得不妥協了。他們放棄了對皇位的追求，用另一種方式來保證自己能得到權勢。他們開始利用皇帝。

利用皇帝什麼呢？

皇帝還是那個起得最早的撿糞人，但是撿到的糞，卻有很大一部分，要交給別人。

交給誰？

皇帝背後的那些權勢人物。

在天未明之時（中國在皇權社會之時），人們起了個大早（所有的人都在準備著），在大街上搜尋糞便（在階級儼然的國家中追逐權力），他們發現有的人因起得最早圈定了所有的糞（他們知道最高的權力永遠為皇帝所掌握）。他們或者悻悻離去/他們或者承認現實的效忠皇帝，他們或者等待天亮後無人撿拾時持糞而去（他們或者暫時效忠皇帝但同時期望從皇帝手中獲得更多權勢），他們或者乾脆不顧規矩的撿糞而去（他們或者直接舉起了反叛的大旗）……

更多時候，規矩是不容被破壞的。即使是不守規矩的人，他們也不願意總是破壞規矩，因為他們很深切地感受到了自己破壞規矩帶來的巨大利益，如果別人也仿照他們，那麼現下擁有的一切都會變成泡影。即使是無意的破壞，也必須被譴責。

為什麼？你看那路上的糞便，如果在天亮的時候還沒被撿走，太陽曬乾了它，來來往往的人們更是踩在上面，把它踩成粉末，然後隨著人們的鞋子，散落到各個地方，再不能用來給莊稼施肥。

就這樣，在這個叫中國的村子裡，在皇權的這條大道上，追求權勢的人們熙熙攘攘，他們佝僂著身子，扣弄著每寸土地，尋找著一種叫做權勢的糞便，而隨著時間的變化，每個人每天獲得的糞都不一樣，只要起得早……

昨天你是糞王，今天我是糞霸，明天糞主又換了他。爭來鬥去終無涯，只為莊稼。

國家圖書館出版品預行編目資料

皇帝背後的權勢人物／楊書銘著.
－－第一版－－臺北市：字阿文化出版；
紅螞蟻圖書發行，2011.11
面　公分－－(Discover；25)
ISBN 978-957-659-873-9（平裝）

856.9　　　100021298

Discover 25

皇帝背後的權勢人物

作　　者／楊書銘
美術構成／Chris' office
校　　對／楊安妮、朱慧蒨、賴依蓮
發 行 人／賴秀珍
榮譽總監／張錦基
總 編 輯／何南輝
出　　版／字阿文化出版有限公司
發　　行／紅螞蟻圖書有限公司
地　　址／台北市內湖區舊宗路二段121巷28號4F
網　　站／www.e-redant.com
郵撥帳號／1604621-1　紅螞蟻圖書有限公司
電　　話／(02)2795-3656（代表號）
傳　　真／(02)2795-4100
登 記 證／局版北市業字第1446號
法律顧問／許晏賓律師
印 刷 廠／卡樂彩色製版印刷有限公司
出版日期／2011年 11 月　第一版第一刷

定價 240 元　港幣 80 元

敬請尊重智慧財產權，未經本社同意，請勿翻印，轉載或部分節錄。
如有破損或裝訂錯誤，請寄回本社更換。

ISBN 978-957-659-873-9　　Printed in Taiwan